Antonio Gil y Zárate

CARLOS II
EL HECHIZADO

Edición, introducción y notas a cargo de
Montserrat Ribao Pereira

Copyright foreword & notes © Montserrat Ribao Pereira
of this edition © Stockcero 2013
1st. Stockcero edition: 2013

ISBN: 978-1-934768-63-1

Library of Congress Control Number: 2013933029

All rights reserved.
This book may not be reproduced, stored in a retrieval system, or transmitted, in whole or in part, in any form or by any means, electronic, mechanical, photocopying, recording, or otherwise, without written permission of Stockcero, Inc.

Set in Linotype Granjon font family typeface
Printed in the United States of America on acid-free paper.

Published by Stockcero, Inc.
3785 N.W. 82nd Avenue
Doral, FL 33166
USA
stockcero@stockcero.com

www.stockcero.com

Antonio Gil y Zárate

Carlos II
el Hechizado

Índice

Introducción
    Un drama para el escándalo -------------------------IX
    Antonio Gil y Zárate y Carlos II de Austria -----------XI
    El drama romántico español en la temporada 1837-1838 ----XVI
    Carlos II el Hechizado, drama político -----------------XXI
    Espectacularidad y recepción crítica ----------------LXV
    Esta edición --------------------------------LXX

Bibliografía específica sobre Gil y Zárate, *Carlos II el Hechizado* y Carlos II ------------------------LXXIII

Bibliografía fundamental sobre el romanticismo teatral español ---------------------------------LXXV

Carlos II el Hechizado
    Acto I -----------------------------------1
    Acto II ----------------------------------39
    Acto III ---------------------------------77
    Acto IV ---------------------------------107
    Acto V ----------------------------------143

Para mi hermana Cristina,
mucho más que buena compañía

Introducción

Un drama para el escándalo

La compañía de los actores Romea y Latorre, contratada por los empresarios Carnicer y Minguella para ocuparse de los madrileños teatros de la Cruz y del Príncipe en el año teatral 1837-1838, decide llevar a escena *Carlos II el Hechizado*, drama histórico original en cinco actos y en verso, escrito por Antonio Gil y Zárate, el 2 de noviembre de 1837. La pieza, que se mantiene en cartel once días consecutivos, será uno de los grandes escándalos dramáticos de la temporada.

La obra aborda el supuesto hechizo del que habría sido objeto el último Austria, embrujado por una muchacha a la que el libidinoso padre Froilán acusa y a la que el rey condena a morir en la hoguera, aun sabiendo que es, en realidad, su propia hija. El exorcismo a que es sometido el monarca, la prisión de los jóvenes enamorados en las mazmorras del Santo Oficio, las reflexiones sobre la cuestión sucesoria en el panteón de El Escorial, la revuelta popular contra la nobleza opresora... son algunos de los episodios sobre los que Antonio Gil y Zárate construye, teatralmente, una lectura romántica del desdichado final de Carlos II.

Sus coetáneos defendieron y denostaron con idéntico afán el drama, como veremos. De él criticó Salas y Quiroga su inmoralidad, aun cuando lo saludó como obra maestra admirable en sus detalles. El *Semanario Pintoresco Español* colocó el espectáculo a la altura de las más exageradas obras de Hugo y Dumas. Y Mesonero Romanos afirmó ser la pieza hija de un momento de satánica tentación por parte del autor, que no habría dudado en rentabilizar sus poderosas facultades poéticas para lisonjear en alto grado a un público extraviado por la pasión política.

Tampoco la crítica del siglo XX se ha mostrado indiferente ante *Carlos II el Hechizado*. Adams (1957) lo considera un *thriller* que toma del melodrama francés el gusto por lo espantoso y lo horrendo. Peers (1973) critica su melodramatismo y la tosca mezcla de lo fantástico, lo horrible y lo ridículo. Ruiz Ramón (1988) achaca los excesos de la obra a una deficiente asunción de los principios románticos por parte del dramaturgo, excesos que, por el contrario, Gies (1996) califica de «hiperrománticos», mientras Llorens (1989) opina que la sucesión de episodios extraordinarios revela realmente el dominio de los recursos dramáticos por parte del autor.

En el siglo XXI parece advertirse un nuevo interés por el teatro de Gil y Zárate y por *Carlos II* en particular. Cantero García (2008) lee el drama como ejemplo del eclecticismo estético del escritor. Muñoz Sempere (2008) subraya la relevancia de su componente político. Rodríguez Gutiérrez (2011 y 2010) lleva a cabo una revisión documentada y rigurosa de la dramaturgia del autor y saca a la luz documentos imprescindibles para calibrar la repercusión de la pieza no solo en el momento de su estreno, sino hasta bien entrada la segunda mitad del siglo. De acuerdo con sus propias palabras, es preciso reconocer que «la misma reacción en contra de *Carlos II* nos demuestra la eficacia de la obra teatral, su fuerza escénica, la verdad de sus personajes y la capacidad que tenía de conmover al público» (2011: 22).

Veamos qué buscaba Antonio Gil y Zárate en el personaje de Carlos II y qué encontró en la historia española del siglo XVII para dar visibilidad a su discurso.

Antonio Gil y Zárate y Carlos II de Austria

Antonio Gil y Zárate (1796-1861) era, en 1837, bien conocido en los círculos intelectuales, literarios y políticos de su tiempo. Hijo del tenor Bernardo Gil y de la actriz Antonia Zárate —y tío, a su vez, de Manuel Tamayo y Baus—, había sido miliciano nacional en Cádiz durante el Trienio 1820-1823; posteriormente ejercerá como Secretario del Ministerio de la Gobernación y llegará a ser Consejero de Estado. Comprometido con la enseñanza, ocupa en 1835 la Dirección General de Instrucción Pública, colabora en el nacimiento de la Escuela Normal Central de Maestros de Madrid, en la fundación del Cuerpo de Inspectores de Enseñanza, así como en la redacción del Plan Pidal (1845) y de la Ley Moyano (1857), respectivamente, que reorganizan la estructura, funcionamiento y estudios en los centros de Segunda Enseñanza en España.

Miembro de la Real Academia y de la Academia de Bellas Artes, escribe textos teatrales (tragedias y comedias neoclásicas, dramas románticos, traducciones de Scribe y Dumas), semblanzas biográficas, relatos breves y ensayos para su publicación en prensa, así como títulos de referencia en los estudios literarios de la época, como *Teatro antiguo y moderno* (1841) o el *Manual de literatura española* (1842-1844), auténtico libro de texto de los institutos españoles.

Carlos II el Hechizado es un drama de contenido político que se sirve de una peripecia amorosa (la relación entre dos muchachos del pueblo, Florencio e Inés) y una licencia histórica (la protagonista sería el fruto de los amores, años atrás, del rey y una joven plebeya) para denunciar los abusos de poder derivados tanto de la negligencia en el cumplimiento de sus deberes por parte de las clases dominantes, como de la superstición religiosa, aspectos todos ellos de enorme actualidad en la España convulsa de 1837. El contexto histórico del último monarca de la Casa de Austria ofrece, en este sentido, los motivos y el argumento que, convenientemente deturpados, dan forma teatral a la idea literaria de Gil y Zárate.

Carlos II (1661-1700), hijo de Mariana de Austria y Felipe IV, contrae matrimonio con Mª Luisa de Orléans y, a su muerte, con Mariana de Neoburgo, pero no consigue descendencia, lo que desencadena un grave problema sucesorio que el propio monarca intenta zanjar en repetidas ocasiones. Los nobles se alinean en torno a los diferentes pretendientes al trono y se enfrentan abiertamente por el control del poder. El último año de vida del rey resulta especialmente conflictivo en este sentido. Tras optar por diversos candidatos, Oropesa –que había ostentado intermitentemente la presidencia del Consejo de Castilla– se inclina por Carlos de Austria y el Arzobispo Portocarrero por el hijo del Delfín de Francia. A favor de uno y otro pretendiente hacen campaña en Madrid los embajadores alemán (Harrach) y francés (Harcourt), respectivamente. El Papa Inocencio XI, por su parte, prefiere a Felipe de Anjou. La anhelada descendencia no llega. Carlos II es sometido a todo tipo de tratamientos médicos y religiosos, el exorcismo entre ellos, pero su salud no mejora. La crisis política y económica que sufre el pueblo, el desgobierno, la miseria, las malas cosechas... contribuyen al estallido de un violento motín popular en 1699. Al año siguiente, en septiembre, se agudiza la enfermedad del rey. Portocarrero se instala en sus habitaciones para cuidarle. Carlos se aviene a reconocer como heredero al francés y firma sus últimas disposiciones a principios de octubre. El primero de noviembre muere el último Austria español. La guerra de sucesión que estallará, pese a su voluntad testamentaria, colocará en el trono de España, en efecto, un rey de la dinastía Borbón.

Tanto la presencia del Santo Oficio como el protagonismo e influencia del clero en la obra de teatro responden a hechos reales, convenientemente tratados para dar mayor espectacularidad a la trama. García Cárcel (1995) explica que la Inquisición moderna, creada por los Reyes Católicos en Castilla por prerrogativa papal de 1478, dependía de un Consejo General, adscrito a la corte, conformado por siete miembros que el rey nombraba. El primero de ellos era el Inquisidor General. Cada tribunal de distrito estaba compuesto, a su vez, por dos o tres inquisidores, notarios, el fiscal, el asesor, el alguacil, el carcelero..., además de por un numeroso personal al servicio de la Inquisición entre el que destacan los familiares, encargados de detectar y detener a los herejes.

De los actos religiosos promovidos por el Santo Oficio acaso los más conocidos sean los Autos de fe. Especialmente célebre fue el general del 30 de junio de 1680 en Madrid, poco después del primer matrimonio del rey. Un lienzo de Rizi, que se conserva en el Museo del Prado, y una relación completa de Joseph del Olmo, reeditada en 1820 (Madrid, Imprenta de José del Collado), dan cuenta de los pormenores de la celebración, a la que el propio del Olmo se refiere en términos de «espectáculo», «representación» o «teatro». Su desarrollo se llevaba a cabo en cuatro fases: la publicación de las causas, los desfiles procesionales de los soldados de la fe, los acusados y las cruces verde y blanca (símbolos de la misericordia y la justicia), la ceremonia del Auto y la ejecución, absolutoria en algunos casos, de reconciliación y relajación en la mayoría, culminando el rito con la quema de los condenados en la hoguera.

Gil y Zárate no se sirve sólo de la recreación de un Auto a la hora de denunciar, en su drama, los abusos derivados de la injerencia del poder eclesiástico en los asuntos de estado, sino que, con idéntica intención, reconstruye el episodio del supuesto embrujo que sufre Carlos II en su último año y el exorcismo de que es objeto. Modesto Lafuente, historiador, escritor y periodista coetáneo del dramaturgo, dedicó en su *Historia General de España* (1850-1867) un capítulo a «Los Hechizos del rey», en el que da cuenta de la delirante parafernalia organizada en torno al monarca para explicar su mala salud, atemorizarle e influir en sus decisiones políticas. Tanto en los hechos históricos como en los dramatizados, uno de los protagonistas indiscutibles es el padre Froilán Díaz, religioso dominico, confesor y miembro del Consejo de la Suprema Inquisición. Tras dirigir los diferentes exorcismos cae en desgracia y la reina Mariana de Neoburgo consigue alejarle de la corte. Posteriormente, será arrestado por el Santo Oficio y preso hasta que el nuevo rey, Felipe V, le devuelva la libertad en 1704. El proceso a Froilán Díaz es uno de los documentos que el dramaturgo dice haber consultado, e incluso citado textualmente, para dar verosimilitud al segundo acto (Rodríguez Gutiérrez: 2010). Sin embargo, el comportamiento mundano de Froilán y su atracción por la joven Inés es una licencia del autor, que se sirve de este particular para unir la acción personal de los protagonistas con el trasfondo político de la trama. Un descendiente del religioso, Ambrosio Díaz, descontento con la imagen que de su antepasado ponía en escena el drama de Gil y Zárate, emprendió el mismo año de su estreno medidas legales para reivindicar su honor y su memoria. Su juicio sobre la obra —y el escritor— es claro:

> Prescindo de los absurdos históricos y dramáticos, que saltan a los ojos en toda la obra, porque nada me importan. Prescindiré también, aunque como español y católico lo llore con lágrimas de sangre, de la continua profanación de las cosas santas, del ludibrio que se hace de los venerandos misterios de la religión, sirviendo de espectáculo en un teatro, y de ver a un histrión dando en la escena la absolución sacramental. Cuando los obispos enmudecen á vista de tales abominaciones, el gobierno las mira con indiferencia, un magistrado las autoriza

impasible y la sociedad las tolera y tal vez las aplaude, nada tengo yo que decir: bástame lamentar en silencio la triste suerte de mi patria. Pero no puedo ni debo sufrir que un vil calumniador deslustre el honor de mi familia con tan denigrativas imposturas, atribuyendo a un varón apostólico las maldades de que se afrentaría el mismo Luzbel. (*La Voz de la Religión*. Cuenca: Imprenta de A. Feijoo, 1838. Vol. II. 302).

Aunque legalmente la demanda no prospera, esta polémica es un indicio más de la notoriedad que, por diversas razones, alcanzó el drama en su tiempo. *Carlos II el Hechizado* lanzaba desde las tablas, al público de Madrid, un mensaje liberal y proisabelino en un momento en que la Regencia de María Cristina y la sucesión de Isabel II son sacudidas por la guerra carlista, la inestabilidad social y la incertidumbre política. Analicemos, pues, en qué contexto teatral y bajo qué coordenadas estéticas se escribe la obra.

El drama romántico español en la temporada 1837-1838

El martes 28 de marzo de 1837 el *Diario de Madrid* publicaba en sus páginas la composición de la compañía contratada por Ramón Carnicer y Francisco Minguella, encabezada por los primeros actores Romea y Latorre. Además de por ellos, los estrenos de ese año teatral serán interpretados por Concepción Samaniego, Teresa Baus, Juana Pérez, María Fabiani, Jerónima Llorente, Concepción Lapuerta, Vicenta Sierra, Matilde Díez, Romeíta, Pedro Sobrado, José Plo, Lorenzo Paris, Pedro López, Luis Fabiani y Bruno Rodríguez. Pepita Pérez, la bolera más célebre de su tiempo, será la encargada de amenizar los entreactos con piruetas y castañuelas. El escenógrafo sigue siendo, como en temporadas anteriores, Francisco Lucini, con el que eventualmente colabora su hijo Eusebio.

Pese a la innegable categoría de este equipo escénico, las pérdidas económicas de la empresa serán, una vez más, cuantiosas, sobre todo teniendo en cuenta el mal estado de las salas, la escasez de cantantes extranjeros para las veladas líricas y el desarrollo mismo del conflicto carlista. Según F. Fernández de Córdoba las pérdidas de la empresa en el año teatral 37-38 ascendieron a más de 80.000 duros.[1]

Entre las novedades de la temporada en lo concerniente al organigrama empresarial, destaca la creación de una Comisión de Teatros encargada de dirimir qué piezas de entre las ofertadas van a ser llevadas a escena. Sin embargo, tan solo una semana después de darse a conocer la noticia, Salas y Quiroga –redactor de *No me Olvides*– comenta los errores en que el recién creado organismo incurre al extralimitarse en sus atribuciones y permitirse calificar las obras como «buenas, muy buenas o excelentes», cuando en realidad lo único que necesita saber el autor que presenta su texto a la Comisión –continúa Salas– es si este será o no representado, sin interesarle la valoración estética que pueda merecer. La controversia aumenta de intensidad, lo que, unido a las quejas de los dramaturgos descontentos por la exclusión de sus piezas, motiva el nacimiento de una Comisión Superior, a modo de tribunal de apelación.

Durante esta temporada se elabora, asimismo, un Re-

---

[1] Para estas y otras cuestiones relacionadas con el teatro de la época, véase F. Fernández de Córdoba. *Mis memorias íntimas*. Madrid: B.A.E., Atlas, 1966. Vol. I. 307.

glamento de Gobierno Interior para las salas de la Cruz y el Príncipe, en el que se precisan, entre otros extremos, determinadas normas que deben cumplir los actores, tales como la obligación de asistir al teatro una hora antes de la representación, no fumar en el escenario, guardar silencio entre bastidores o respetar escrupulosamente la separación de sexos en los camerinos. Paralelamente, se hace público un bando de don Juan Bautista de Llano, alcalde de la villa, ordenando decoro a los asistentes y responsabilidad para no entorpecer, con sus carruajes, el paseo por las calles aledañas a los teatros.

En cuanto a las mejoras efectuadas en estos años en los dos coliseos, cabe destacar la adaptación de la intensidad de las luces a las exigencias de la puesta en escena. En una de las cartas que la empresa del Príncipe envía a la Comisión leemos lo siguiente:

> La costumbre de iluminar interiormente los teatros [...] destruye el efecto de las decoraciones, porque aumenta la claridad desproporcionadamente; no se perciben las bellezas de la perspectiva, que está graduada a una luz mucho menor. Estos inconvenientes han hecho más sensibles a la empresa, considerada respectivamente a la próxima festividad del día de S.M. Para celebrarlos [...] ha preparado una función escogida que consiste en un drama nuevo, histórico y original, en verso, exornado de grandes aparatos escénicos, decoraciones nuevas y costosísimos trajes de época [...]; pero estos esfuerzos perderían gran parte del resultado a que se aspira si no se necesitase el inconveniente de la iluminación, porque las decoraciones perderían su brillo [...]. [Se demanda] autorización competente para suplir la iluminación con otro medio extraordinario de adorno, aumentando en la parte que perjudique con arañas cuidadosamente co-

locadas, el alumbrado del teatro, y poniendo en la fachada del edificio un adorno que supla la iluminación interior.²

Este documento resulta especialmente esclarecedor de la necesidad, cada vez más urgente, de adaptar la realidad física de los teatros a las exigencias escénicas de las obras nuevas que se estrenan en ellos. De hecho, las demandas de la empresa son atendidas y el domingo 23 de julio, víspera del anunciado estreno de *Doña María de Molina*, el *Diario de Madrid* incluye junto al anuncio de la pieza la siguiente aclaración:

> La administración [...] ha determinado con el competente permiso decorar e iluminar la fachada del Coliseo por un estilo nuevo, colocando en el balcón principal el retrato de S. M. Isabel II y sustituyendo la iluminación interior, tan incómoda en la estación presente como perjudicial para el efecto de las decoraciones del escenario, por otra más elegante y que no presenta ninguno de aquellos inconvenientes.

Pese a las mejoras, algunos ámbitos del entramado teatral de la época siguen manifestando una enorme inestabilidad que repercute en la vida escénica de Madrid. Este es el caso de los censores. Sancha, que había sido nombrado para tal cargo en octubre de 1836, dimite a finales del año 1837 y, a la espera de la aceptación formal de su renuncia, reclama en mayo de 1838 al Ayuntamiento los tres mil seiscientos reales que se le adeudan. La empresa, en un nuevo escrito remitido al Concejo, se lamenta por no poder hacer frente a las deudas y acusa a la ópera y a sus costosos montajes del estado de ruina en que se encuentra el

---

2   Al igual que el resto de la correspondencia entre la empresa de teatros y el Concejo a la que me refiero, esta carta (13 de julio de 1837) se conserva en la Secretaría del Archivo de la Villa de Madrid. El drama histórico nuevo, original y en verso que se está preparando es *Doña María de Molina*, de Mariano Roca de Togores, que se estrena en el teatro del Príncipe la noche del 24 de julio de 1837.

teatro de verso en la capital. De ahí que una de las soluciones que se proponen sea

> poner ópera italiana solos seis meses del año [...]. De este modo podría mirarse con más atención la literatura nacional y a la compañía de verso, realizando los frutos de nuestra escuela que merezcan la pública aceptación.

La Comisión de Teatros declara vacante la plaza en noviembre del 37 y asume ella misma la labor censora hasta que, por fin, en diciembre, el Concejo nombra a dicha Comisión, en la persona de José Vidales, responsable de la moralidad de las obras representadas en la corte. La reacción no se hace esperar y, tanto la Comisión como el propio Vidales, a título personal, se declaran incapaces de acometer tal tarea y proponen para el cargo a don Valentín Pascual, censor efectivo desde el 26 de abril de 1838 hasta el 7 de enero de 1840.

Con todo, los estrenos de títulos originales son más numerosos que en las temporadas anteriores. Cuando resuena todavía el eco de *Los amantes de Teruel,* en el mes de enero, o de *El Sitio de Bilbao,* que había cerrado el año teatral 36-37, el Príncipe pone en escena *El paje* (22 de mayo), cuyos ensayos obligan a posponer el estreno de *La Corte del Buen Retiro* (3 de junio). Luego vendrán *Doña María de Molina,* coincidiendo con la onomástica de la reina (24 de julio), *Antonio Pérez y Felipe II* (20 de octubre), *Bárbara de Blomberg* y *Don Fernando el Emplazado* (19 y 30 de noviembre, respectivamente), *El rey monje* (18 de diciembre), *Don Jaime el Conquistador* (2 de enero) o *La vieja del candilejo* (7 de marzo). A ellos habría que sumar, entre otros, el controvertido melodrama de Castro y Orozco

Fray Luis de León, que debido a su polémico tratamiento de la figura clásica suscitó una notable reacción contra sus excesos. Por todo ello no es desacertado calificar el año teatral 37-38 como el auténtico *annus mirabilis* (Peers 1973: 441) del teatro histórico en el romanticismo hispano.

Carlos II el Hechizado, DRAMA POLÍTICO

Afirma el profesor D. T. Gies (1996: 19) que entre 1830 y 1850 se estrenan diferentes dramas que provocan acaloradas discusiones cuyas consecuencias sobrepasan ampliamente los límites de lo literario. Para muchos observadores, este grupo de obras amenazaban el *statu quo* y forzaban al público y a la crítica a considerar alternativas a la estructura social, tradicional y conservadora, que dominaba España. La pieza que nos ocupa es, precisamente, una de ellas.

Cuando el drama se estrena[3], hace siete meses que en la misma sala del Príncipe se ha representado otro de los títulos de contenido político de la temporada, *Doña María de Molina*, de Mariano Roca de Togores. Uno y otro son muestras significativas (y en su momento relativamente célebres) de la pertinencia del motivo de la tiranía en el teatro de la década de los treinta. Ambos, junto a un tercer título relevante de la temporada, *Don Fernando el Emplazado*, de Ma-

---

3   La primera edición de la pieza (Madrid: Repullés, 1837) es poco anterior a su estreno. En la Biblioteca Municipal de Madrid se conserva, además, un apunte o cuaderno para la puesta en escena, utilizado por la compañía en el momento de organizar la representación, que toma como texto base el de la primera edición para añadir, de forma manuscrita, las indicaciones que actores y escenógrafos consideran oportunas. Las citas a que me refiero en adelante remiten, de no mediar especificación alguna, al texto que se editó; en las que recogen la información que ofrecen los apuntes consigno *ap*. Para más información sobre la naturaleza de los apuntes teatrales véase M. Ribao «Acerca de los apuntes y sus posibilidades en el estudio del teatro romántico español (1835-1845)». *España Contemporánea*, 12- 2: 1999. 67-86.

nuel Bretón de los Herreros, avalan la importancia espectacular de esta temática y su rentabilidad en la escena madrileña durante los años de mayor pujanza de la estética romántica, como en sus inicios ocurrió con *Aben Humeya o la rebelión de los moriscos* y *La conjuración de Venecia*, de Francisco Martínez de la Rosa. Sin embargo, mientras en el texto de Bretón se exalta la supremacía de la justicia general sobre los excesos individuales y en el de Togores el motor de la acción es el sentimiento del deber, de modo que la evocación del pasado glorioso de España se convierte en un fin en sí mismo, en el de Gil y Zárate el conflicto dramático viene determinado por los distintos modos en que los personajes afrontan sus pasiones, por las pulsiones internas que les encadenan a un pasado que les condiciona. De este modo, la expresión espectacular de la tiranía se conecta con las acciones personales e íntimas: el mensaje político se sustenta en la caracterización de los protagonistas más que en sus alegatos, en lo actuado más que en lo dramáticamente referido al público desde las tablas.

Además, la pieza aborda de un modo muy crítico un segundo tema de enorme vigencia en el momento del estreno: la influencia de la iglesia en la vida política y social durante el primer tercio del siglo XIX. En palabras de E. Caldera, (1985: 27-42) «Instituciones periclitadas como la Inquisición se convierten en el símbolo de la despreciable intolerancia civil y religiosa». No es extraño, por ello, que *Carlos II*, con todos sus excesos y su premeditado afán provocador, fuese aclamado y repudiado con idéntica intensidad[4], contradictoria reacción esta que, en última instancia, no hace sino confirmar y reforzar el carácter esencialmen-

---

4   Síntesis de opiniones favorables y desfavorables en Caldera (2001: 117) y Peers (1973: 366).

te romántico de la filosofía sobre el poder que subyace a la exposición de la temática política en la obra.

Como ya he comentado, el drama de Gil y Zárate pone en escena un supuesto episodio de la vida del último Austria español. En palabras de *El Eco del Comercio* (3 de diciembre, 1837, s. p.),

> Todos los reyes que hayan sido despóticos y perversos hallan favorable acogida por los autores románticos, que sin escrúpulo ninguno los reproducen en el teatro aún más perversos y despóticos que fueron.

Sin embargo, ese despotismo y esa perversidad no son meros pretextos argumentales para captar la atención del espectador, sino motivos dramáticamente pertinentes para la reflexión espectacular a propósito de las sombras políticas que, desde la óptica liberal del dramaturgo, se ciernen sobre España, es decir, las que emanan de sus sectores más conservadores: los carlistas y el clero reaccionario. *Carlos II* es, desde este punto de vista, un alegato contra la tiranía antiliberal sugerido a través de paralelismos –fáciles de reconstruir para el receptor pero difíciles de determinar y condenar para la censura– entre la Regencia de María Cristina y los últimos años del siglo XVII. Como indican Caldera y Calderone (1988: 487), «En el fondo de la obra late claramente una especie de propaganda a favor de la liberación de España de la sujeción a Trono y Altar». Veamos cómo se organiza dramáticamente este conflicto

El inicio de la pieza coloca frente a frente a los dos contendientes amorosos de la misma: el padre Froilán y el enamorado Florencio. Ambos charlan sobre la agitada noche que ha pasado el rey. Carlos II aparece (acto I, escena 2)[5] re-

---

5 En adelante, cito el acto en romanos, seguido de la/las escena/escenas a que me refiero en arábigos.

presentado como un hombre débil: «Sale el rey pálido y débil sostenido por criados. Estos le conducen hasta un ancho sillón, en el que se coloca como un hombre enfermo y doliente». Las palabras del protagonista confirman la primera impresión que produce su entrada: el monarca se consume lamentando la desgraciada existencia que le ha tocado en suerte; incapaz de tomar decisiones políticas sin tener en cuenta a sus consejeros y desdichado en su vida privada por la falta de un heredero, se debate entre la razón de estado (apoyar los derechos sucesorios de Francia) y el sentimiento familiar que le inclina hacia los Austria. Carlos cree que sus males son un castigo del cielo por haber amado, siendo joven, a una mujer humilde que le dio una hija a la que abandonó.

En estas primeras intervenciones destaca el variado léxico con el que se alude a la enfermedad real y al monarca: «el insulto», «el ataque», el «funesto mal», «el endemoniado». La debilidad de Carlos ha trascendido, el vulgo murmura y la Inquisición ha tomado cartas en el asunto. Observemos cómo la primera alusión a esta institución, protagonista de la pieza, se sigue de la necesidad de discreción y silencio en torno a ella:

FROILÁN: ¡Hereje!... Calle esa lengua.
FLORENCIO: ¡Ay! Del refrán me olvidé:
¡con la Inquisición, chitón! (I, 1).

El tema religioso es importante desde el principio, pero desde el inicio también a esta religión oficial del silencio y la cautela se enfrenta otra, más personal, más íntima, ligada a cuestiones amorosas: frente a la codicia y la lujuria que –veremos– guía la acción de los hombres de iglesia en el texto, el amor puro y los sentimientos humildes orientan los pasos de Florencio, representante de un estilo de vida desasido de los rigores cortesanos, de la hipocresía aristocrática y de la ambición mundanal. Un elemental planteamiento de estas diferencias aparece en la charla inicial entre los dos contendientes, en la escena 1:

> Froilán: ¡Pues cuidado!... Yo no sé,
> en verdad, cómo a su lado
> el rey te puede tener.
> ¡Un hombre sin religión!
> Florencio: Padre, no me calumniéis:
> que a veces quien más la invoca
> más la vulnera también.
> Soy joven, vivo y alegre;
> el rey es triste; tal vez
> suelo sus melancolías
> con mis chistes distraer [...].

El paralelismo entre los dos tipos de religión se amplía momentos después, cuando Florencio explica su amor hacia Inés en términos religiosos. Esta expresión se hace de acuerdo con los tópicos de la expresión amatoria, sí, pero la elección de ese registro resulta muy significativa de la distancia que separa a ambos hombres desde el comienzo de la obra:

> Florencio: De virtud la aureola pura
> ciñe su divina sien,
> sus ojos, fuente de vida,
> consuelo infunden doquier,
> su risa enajena el alma,
> sus labios expiden miel,

> y a su voz el firmamento
> tiembla de amor y placer.
> Así tan pura y tan bella
> se muestra mi amada Inés;
> y cual los ángeles aman
> así la adoro también. (I, 1).

Froilán no solo se opone en su modo de ver el mundo al humilde Florencio; también se distancia del rey, quien sufre bajo los mandatos del destino infausto que gobierna su vida. Frente al padecimiento inmenso, tanto físico como mental de Carlos, la escasa sensibilidad del clérigo responde:

> FROILÁN: ¿Por qué, señor...? ¿Hay alguno
> que en poder con vos se igual?
> Pues, ¿cuál otro cetro vale
> el cetro español...? Ninguno.
> Leyes os miran dictar
> al uno y otro hemisferio,
> y jamás en vuestro imperio
> el sol deja de alumbrar.
> Con raudales de oro y plata
> todo un mundo os enriquece;
> ¿quién tributos no os ofrece?,
> ¿quién no os respeta y acata?
> Pues si esto es cierto, señor,
> ¿por qué la vida os enoja?,
> ¿qué mala suerte os arroja
> así a manos del dolor? (I, 3).

La humanidad de Carlos se manifiesta aún más en sus dolorosas palabras de desolación ante el mal que le aflige y, sobre todo, al pensar en las posibles causas de ese castigo divino que cree padecer. Frente al desmoronamiento físico y mental del monarca, la figura de Froilán se agranda en su maldad, crece su perversidad ante los ojos del receptor que escucha sus malintencionadas palabras. Así, cuando incluso el vulgo conoce ya el hechizo que parece sufrir el rey, el clérigo finge ser depositario de un secreto, un misterio que se niega a desvelar a Carlos para que este se asuste aún más:

>   Froilán: Señor...
>   Rey: No disimuléis.
>   Hablad: vuestro ministerio
>   os obliga...
>   Froilán: No me es dado
>   revelar...
>   Rey: ¡Ay! ¿Será cierto?
>   Froilán: ¿Qué?
>   Rey: A proferirlo no acierto...
>   Dicen... que estoy... hechizado.
>   Froilán: ¡Oh, Dios!... ¿Quién osó decir...?
>   Rey: ¿Conque es verdad...? ¡Cielo Santo! (I, 3).

Froilán aparenta un poder del que carece para influir positivamente en el Santo Oficio:

>   Rey: [...] desde hoy quiero se bendiga
>   cuanto me den de comer.
>   Froilán: Iré luego al Tribunal
>   a avivar su santo celo [...]. (*Ídem*).

Al hacer sabedor al rey de su superioridad, y porque Carlos reconoce su debilidad ante Froilán, el clérigo comienza a ejercer su tiranía sobre el monarca, se crece incluso físicamente, se muestra altivo hacia el soberano que le abre su corazón y que no por enajenamiento, sino acaso por bondad, no percibe en ningún momento sus malvadas intenciones:

>   Rey: A vuestras plantas

> mi culpa confesaré;
> y mi dolor templaré
> con vuestras palabras santas.
> *(Se pone de rodillas delante del* PADRE FROILÁN; *este lo hace levantar y* EL REY *se vuelve a sentar.)*
> FROILÁN: Alzaos, señor, alzaos:
> advertid que estáis doliente;
> y, aunque humilde penitente,
> os lo permito, sentaos. (I, 3).

A la vista de esta conducta impropia e hipócrita, no parece muy claro que el repentino arranque de humanidad de Froilán al consolar al rey, instantes después, responda a un movimiento interior de simpatía hacia el Hechizado; antes bien, su actitud es una forma más de mortificarle con remordimientos:

> FROILÁN: ¡Oh! Fue sobrado rigor,
> perjudicial, aunque santo:
> si así el gran Carlos pensara,
> jamás a Europa salvara
> el vencedor de Lepanto.
> REY: ¿Luego pensáis que debí
> acoger a esa inocente?
> FROILÁN: Y ¿por qué no?
> REY: ¡Dios clemente!
> ¿Por qué tan inicuo fui? (I, 3).

Una vez que el conflicto personal se ha planteado, irrumpe en el drama el argumento político y las conjuras que contra el rey y entre los diferentes partidos se organizan. Los partidarios de Austria y Borbón son recibidos en audiencia, pero el acuerdo entre las partes es imposible (I, 5). La acción se anima. Se organizan diferentes grupos de personajes que dialogan simultáneamente y a los que oímos al mismo tiempo que al propio rey:

SAN ESTEBAN [...] *bajo a los de su corro.*
HARRACH se acerca, y EL REY le habla al oído. Entre tanto, los GRANDES pertenecientes a las diferentes parcialidades se acercan unos a otros, y se hablan en voz baja, conforme lo indica el diálogo.
El REY *deja de hablar con* HARRACH; *este se retira hacia el corro de los suyos, los cuales le preguntan con curiosidad.* (I, 5).

Mientras los nobles conspiran ante el monarca, la presencia de este, ajena a todo, confiere una especial efectividad a la conjura que se está tramando ante sus propios ojos en el marco —simbólico— de sus dependencias personales, puesto que todo el acto se desarrolla en la cámara real. Solo la intervención de Frigiliana, al final de la quinta escena, reivindica un orden político en el que impere la voluntad de la mayoría y no los argumentos de fuerza:

FRIGILIANA: [...] Cuando importantes cuestiones
 como esta cuestión se tratan,
 legítimo y nacional,
 con facultad soberana,
 un cuerpo no más existe:
 las Cortes... A convocarlas
 estáis, señor, obligado,
 y Castilla las aguarda.
 Su fallo sumiso el reino
 siempre obedece y acata;
 mas donde falta su fuerza,
 ¿qué vale otra fuerza...? Nada. (I, 5).

Ante las disputas que se establecen entre los cortesanos por imponer a uno o a otro aspirante al trono, Frigiliana expone la necesidad de convocar Cortes y que sean ellas las que diriman el conflicto sucesorio. La reacción ante tamaña osadía es fulminante y el consejero resulta desterrado. La repercusión de este hecho excede al contenido político: desde el momento en que el rey se manifiesta en términos totalitarios —ese es el mensaje liberal de la pieza— comenzamos a intuir que sus afanes (los personales y los que se relacionan con el gobierno de España) están condenados al fracaso y que su decisión, sea cual sea, no resultará la acertada, puesto que carecerá del refrendo de la mayoría. La expulsión de Frigiliana es, por tanto, además de un signo de la dificultad inherente a cualquier afán liberalizador, un anticipo premonitorio del desenlace trágico de la pieza.

Sin embargo, donde la crítica contra el abuso de poder (político y religioso) cobra mayor intensidad es, paradójicamente, en el desarrollo de la segunda acción, es decir, la pasión de Froilán por Inés. Además de la comentada influencia de Víctor Hugo en la obra, en cuyos diálogos entre el clérigo y la joven son evidentes los ecos de Frollo y Esmeralda, es posible rastrear también la huella de *Cornelia Bororquia*:

FROILÁN: ¿Eso dices...? Pues bien: ámale, imbécil!
No, ya no aspiro con ardientes ruegos
tu afecto a conquistar; ni lo alcanzara,
ni fuera menos tu desvío siendo
mayor mi humillación: tal vez consiga
hoy del terror lo que del amor no espero.
INÉS: ¿Quién...? ¿Vos? Jamás. ¿Y osáis amenazarme?
Horror sí me inspiráis, pero no miedo.
FROILÁN: ¡Insensata...! ¡Ay de ti...! ¡Tú no conoces
cuánto en hombres cual yo puede el despecho! (I, 7).

En el desenlace del acto descubriremos que esa fuerza

demoníaca que posee al clérigo en asuntos amorosos es la misma que le lleva a dominar la voluntad del rey; Florencio, que lo sabe, hace extensivo a todo el clero los vicios de Froilán. A partir de ese momento el drama ejemplificará la lucha de dos fuerzas antagónicas: el poder temporal y la tiranía del fanatismo, por un lado, frente a la lógica y a la razón de los sentimientos y de la humanidad por otro:

>FLORENCIO: [...] Mas el rey lo sabrá: mi labio al punto
>quién sois le va a decir.
>FROILÁN: Díselo, necio.
>¿Piensas te ha de creer...? Cuando a mis plantas
>cada día le miro, cuando tengo
>su conciencia en mis manos, ¿quién contrasta
>mi omnímodo poder? Este secreto
>ve, pues, y le revela, lo permito:
>mas solo para ti será funesto.
>FLORENCIO: ¡Ah! ¡Qué harto bien decís...! Supersticiosos,
>así besan los hombres vuestros hierros:
>almas de Lucifer tenéis, inicuos,
>y adorados cual ángeles os vemos.
>Huid de mi presencia, o bien...
>FROILÁN: Me marcho;
>pero conmigo la venganza llevo.
>Amaos, infames; mas será por poco:
>temblad..., pronto veréis lo que yo puedo (I, 8).

Volvamos, no obstante, a las murmuraciones de los cortesanos sobre qué partido tomará Carlos, que continúan hasta el final de la aludida escena quinta. Los diferentes grupos de personajes caminan hacia el foro, según el apunte, para hacer mutis, pero se detienen cuando ven asomar a Inés, también por el foro, y vuelven al proscenio acompañando a la muchacha. De esta forma, la acción particular de la joven se mezcla incluso visualmente con la particular del rey. El ir y venir de la nobleza en función de los movimientos de la mujer anticipa premonitoriamente la evolución de una trama que el receptor comienza a intuir: Inés, prometida del escudero Florencio, narra ante los cortesanos su infancia desdichada, la infelicidad de su madre oficialmente viuda y la persecución de que ha sido objeto por parte de un hombre cuyo nombre calla y que resulta ser el confesor real (I, 6). Mientras habla, todos los que están en el escenario la rodean:

> *Mientras ha estado diciendo los anteriores versos,* Froilán *se habrá ido acercando a ella y, al llegar aquí, se le coloca delante.* Inés *alza la vista, le mira, da un grito, retrocede y va a refugiarse junto a* Florencio, *a quien abraza.*
> *Los cortesanos asombrados se acercan a* Inés *con interés.*
> Froilán *se acerca a* Inés *y, asiéndola por un brazo, la atrae hacia él.* Inés *vuelve la cabeza y se resiste aterrada* (I, 6).

La muchacha se aparta del rey y huye hacia Florencio, alejando del monarca la atención tanto de los personajes como del público. A partir de este momento, la soledad de Carlos será una de las técnicas que utilizará la puesta en escena para subrayar el tema fundamental de la pieza: su triste condición como monarca y como hombre. Por tanto, no deja de ser relevante que la salida del Austria se efectúe por una puerta opuesta y distinta de la que emplean el resto de los cortesanos en el mutis de la escena sexta.

En las tablas permanecen únicamente Inés y Froilán, que con su diálogo ofrecen al receptor los datos suficientes para la reconstrucción de la prehistoria de ambos. El fraile expone a la muchacha la pasión que siente hacia ella y la maldice por negarse a sus requerimientos amorosos (I, 7). El acto finaliza con el enfrentamiento verbal entre el religioso y Florencio, que vuelve a escena y escucha desde el foro las amenazas de Froilán (*ap.*). El ámbito en que se desarrolla la acción (la cámara del rey, recordémoslo), se connota como espacio de la ruptura de las normas sociales (eje sucesión/conspiración), personales (conflictos morales del rey) y morales (lujuria del fraile).

El primer acto plantea, pues, los diferentes motivos que se desarrollarán a lo largo del drama: el hado fatal que acompaña al rey desde su nacimiento, la invocación de la muerte liberadora, la no conciencia de pecado y por tanto la subversión involuntaria del orden establecido, la conspiración, el secreto o la vivencia simultánea de contrarios (dios/diablo, placer/dolor...). Aparece, asimismo, la constante de la exaltación de la patria a través de alusiones a sus héroes, si bien evocar el pasado glorioso de España no es uno de los fines últimos del drama, como ya he indicado.

La acción se complica en el acto II: mientras el fraile reflexiona sobre todo lo ocurrido, tiene lugar una procesión al final de la cual diferentes hombres de Iglesia y del Santo Oficio conversan sobre los preparativos del exorcismo que debe sufrir el rey. Víctima de un embuste, el monarca no sale de su asombro cuando le comunican que ha sido embrujado con una pócima, a base de cenizas de ajusticiado, que le habría sido administrada en una taza con chocolate. Una monja, a través de la cual, supuestamente, se manifiesta el diablo que posee a Carlos, se brinda para señalar como causante del maleficio a Inés. Mientras, Carlos huye despavorido de la ceremonia a que le está sometiendo la Inquisición y acude a la galería donde aparecen colgados los retratos de sus antepasados. Al ver a Carlos V jura no apoyar jamás a un Borbón; sin embargo, una carta colocada subrepticiamente ante el monarca por un cortesano, le anuncia que el Papa aconseja un heredero francés para la corona española. Tomando la noticia como un indicio divino, Carlos rompe su compromiso personal con la casa de Austria.

El decorado en que se desarrollan estos hechos está dividido en dos partes: una anterior, en la que tienen lugar los diálogos de los personajes, y otra posterior por la que los religiosos van y vienen constantemente:

> El teatro representa la sacristía del convento de Atocha. El fondo estará abierto por tres grandes puertas o arcos, por entre los cuales se ven los claustros y el patio. En el claustro se descubren los retratos de los reyes de España; y estos retratos llegan hasta dentro de la sacristía, en la cual estarán los de los reyes de la dinastía austríaca, viéndose junto al proscenio el de Carlos V [...].
>
> ESCENA 1. *Al alzarse el telón se ve pasar por el claustro una procesión. En seguida de toda la comunidad van muchos* GRANDES *y señores ricamente vestidos, y últimamente* EL REY *con los embajadores, el* CARDENAL *y toda la corte. Todos llevan hachas encendidas. Sigue un numeroso pueblo* [...]. (Edición, II).
>
> Comparsas, coro y música empiezan, y pasan [...] ciriales, cruz, frailes, [...] caballeros, criados del rey, [...] cuatro pajes. Grandes. Doce hombres y mujeres de pueblo izquierda claustro. (Ap., II).

Mientras la comitiva atraviesa el foro escuchamos un himno. Este canto no es un mero ornato escenográfico, sino un elemento perfectamente ensamblado en el arranque de la escena segunda. Apareciendo por la derecha, es decir, por donde acaba de salir la comitiva, Froilán continúa con su monólogo el sentido del cántico apenas apagado, que se deja escuchar de nuevo un poco más adelante para enfatizar, esta vez sí, el carácter lascivo de los deseos del fraile:

>Escena 1
>Coro: Oye benéfico,
>>supremo Dios,
>>de fieles súbditos
>>la triste voz.
>>Si Saúl réprobo
>>por ti sanó,
>>de un rey católico
>>ten compasión.
>
>Escena 2
>Froilán: No, nunca la obtendré yo...
>nunca... [...] *(Se oye otra vez a lo lejos la música y el coro.)*
>¡Oh! ¡Cuál mi pecho atormentan
>esos místicos cantares!
>Al oírlos, mis pesares,
>mis furores se acrecientan...

Este es, sin duda, el tipo de monólogo que agradaría a Fray Gerundio, quien afirmaba categóricamente que «jamás un monólogo es realmente dramático sino cuando el espectador se interesa por el que habla, cuando sus pasiones, sus virtudes o sus desgracias le hacen tan interesante que se le perdona el que hable consigo mismo».[6]

El incesante movimiento de los personajes obliga al espectador a desplazar su mirada y su atención de un lugar

---

6 M. Lafuente. *Teatro social del siglo XIX*. Madrid: Mellado, 1846. Vol. I. 476.

a otro de la escena. Froilán se retira a una esquina, pensativo, lo que nos permite escuchar el diálogo entre el inquisidor, el prior de Atocha y un vicario (II, 3). Finalmente, los tres hombres se adelantan, caminan hacia el fraile y le incluyen en la conversación (II, 4). Mientras, el apunte indica que al fondo atraviesan, de izquierda a derecha, doce hombre y mujeres del pueblo. A un lado, el inquisidor afirma ver al rey que llega, y recomienda a Froilán que corra a preparar el exorcismo. El fraile, al salir, y en un aparte, pacta con el vicario un «negocio» del que hasta ahora nada sabemos y que deja abierta la intriga:

> FROILÁN: Está bien
> (*Al tiempo de marcharse pasa por junto al* VICARIO *y le dice en voz baja y con misterio.*)
> Padre vicario...
> VICARIO: Señor...
> FROILÁN: Con vos de un negocio tengo que tratar.
> VICARIO: Soy vuestro.
> FROILÁN: Luego, cuando estemos solos. *(Vase.)* (I, 4).

Una de las escenas más controvertidas del teatro romántico español es la del exorcismo. El propio inquisidor denomina a la ceremonia «función», lo que significa que incluso él reconoce explícitamente el carácter lúdico y escénico de ese rito al que se está sometiendo al monarca. Por si esta declaración no fuese suficiente, el carácter demoníaco de Froilán desvirtúa aún más la finalidad de la ceremonia:

> INQUISIDOR: ¿La función abandonáis?
> FROILÁN: Me fue dejarla forzoso.
> ¡Tanta luz! ¡Tanto calor!
> INQUISIDOR: Hace ya días que noto
> que desazonado andáis.

FROILÁN: Algo.
INQUISIDOR: Hay en vuestros ojos
              cierta cosa...
FROILÁN: ¿Qué decís?
INQUISIDOR: Bueno y santo es ser devoto:
              pero el exceso también
              suele dañar.
FROILÁN: Lo conozco.
INQUISIDOR: Menos penitencias, pues;
              que al fin no sois ningún monstruo.
FROILÁN: ¡Pluguiera al cielo!
INQUISIDOR: ¿Qué?
FROILÁN: Nada...
              dejemos... ¿Se acaba pronto
              la función esa? (II, 4).

La charla entre el rey y el prior, acompañada de chocolate con bollos, subvierte la pretendida seriedad del momento: el monarca pierde su majestad y se convierte en un personaje de comparsa, en un fantoche. La pantomima que se desarrolla ante los ojos del receptor se confirma cuando escuchamos el aparte del vicario, que elimina cualquier duda sobre el carácter burlesco del episodio que Carlos protagoniza con toda la devoción del mundo:

INQUISIDOR: Es varón que mucho puede
              con su milagrosa ciencia.
REY: ¿Qué ciencia?
INQUISIDOR: Os asombraréis.
REY: ¿Cuál?
INQUISIDOR: Habla con el demonio.
REY: Con el... ¡Jesús! ¡San Antonio
              me valga! *(Se persigna.)*
INQUISIDOR: No os asustéis.
REY: ¿Tenéis de ello buenos datos?
INQUISIDOR: Yo mismo le suelo oír.
REY: ¿Sí?

VICARIO: ¿Quién no se ha de reír *(aparte)*
de este par de mentecatos? (II, 6).

El diálogo ridiculiza al estamento religioso, a los clérigos que hablan con el diablo, a las monjas poseídas, incluso a los diablos que juran obediencia al vicario y juran por Dios... El propio Satanás, confirma el enviado de Roma, se ha puesto en contacto con él para corroborar el maleficio bajo el que ha sucumbido Carlos, hechizado con una taza de chocolate. De nuevo el miedo es utilizado como instrumento de poder sobre el monarca, que en efecto se muestra aterrorizado en el diálogo sobre la composición del supuesto brebaje:

REY: [...] Mas, señor, ¿con qué se hizo?
¿Qué habría en él?
VICARIO: Cuerpo muerto.
REY: ¡Cuerpo muerto...! ¡Ave María!
¿Eso dice Satanás?
(Repele el chocolate y se levanta horrorizado).
INQUISIDOR: ¡Qué...! ¿Dejáis?
REY: No quiero más.
Y ¡de un ahorcado sería!
Que esos malos hechiceros
buscan siempre ajusticiados.
VICARIO: Ya sus miembros entregados
estaban a buitres fieros.
REY: ¿No lo dije...? ¡Compasión!
VICARIO: Con los sesos el malsín
hizo el mixto. (II, 6).

La humillación de Carlos, desprovisto de cualquier tipo de majestad que justifique su permanencia al frente del trono, se visualiza en la escena octava, en el momento en que, para acceder al templo en que va a tener lugar la ceremonia de exorcismo, el rey se desviste y arroja al suelo los símbolos de su poder: el toisón de oro, la espada y la daga. Como un nuevo Cristo (recordemos la pertinencia de esta figura en el drama romántico, de la que habla Sebold: 1986) se le arroja encima un hábito, se le da un rosario y un cirio, y comienza el camino hacia su personal calvario.

Mientras todo ello se desarrolla fuera de la vista del espectador, asistimos al clarificador parlamento entre Froilán y el vicario, que es en realidad un impostor. La catadura moral de ambos personajes es similar y su lenguaje de ambición y chantaje hace que se entiendan perfectamente tras un primer momento de reconocimiento mutuo:

> FROILÁN: Acercaos; que estas cosas
> bajito se han de tratar.
> Decid: ¿qué pena merece
> quien es embustero asaz
> para suponer conjuros
> y a todo un rey engañar,
> haciendo atrevido escarnio
> del más santo Tribunal
> y promoviendo esa farsa
> que hora profana el altar?
> VICARIO: Y decidme: ¿cuál merece
> el confesor desleal
> que sabiendo tal secreto
> lo calla astuto y sagaz,
> deja que corra el engaño
> y, en vez de cortar el mal,
> acaso de la impostura
> es el autor principal? (II, 9).

Las mentiras, los engaños de los hombres de iglesia surten efecto y el rey enloquece realmente. La cuestión sucesoria se zanja merced al dominio eclesiástico en los espíritus pusilánimes, parece decir el drama. Las conclusiones sobre el proceder de la institución eclesiástica son claras y el público no tiene ningún problema en entender el mensaje de este drama que se estrena y publica en fechas muy cercanas a la Desamortización de Mendizábal o a la sentencia que declara fraudulenta la fama de santidad Sor Patrocinio.[7]

El efectismo visual de este acto culmina en las escenas diez a trece, en las que la luz ambiente mengua paulatinamente. Tras las últimas palabras entre el vicario y Froilán, las tablas se quedan en penumbra y comienza a fraguarse el plan para decantar al rey a favor de los Borbones, haciéndole llegar la carta del Papa justamente después de la ceremonia de exorcismo. La ausencia de luz refuerza visualmente el sentido de esta oscura trama. Paralelamente oímos rumor dentro y la voz del rey que grita. Entran varios frailes corriendo desde el fondo, a la izquierda, y acto seguido el prior. Tras semejante preámbulo es Carlos quien irrumpe:

> Sale EL REY *despavorido y huyendo. Le siguen los* FRAILES *con hachas encendidas. Durante esta escena acabará de oscurecer y un* SACRISTÁN *coloca dos candeleros encima de la mesa, encendiendo sus bujías.* (II, 12).

De nuevo se organizan dos planos, el de la colectividad al fondo y el rey en primera línea, disposición que subraya la absoluta soledad del monarca. Confundiendo realidad y sueño, Carlos se dirige a sus antepasados,

---

7   Sor Patrocinio (1811-1891), o la monja de las llagas, gozó de enorme influencia en la corte de Isabel II. Desde muy joven aseguró vivir experiencias místicas que dejaban en su cuerpo los estigmas de la pasión de Cristo. Se abrió causa judicial contra ella para averiguar si tras los beneficios económicos que obtenía de su fama de santidad se escondía un fraude. En efecto, en noviembre de 1836 se hace pública la sentencia condenatoria con pena de destierro de la corte. Al finalizar la regencia de María Cristina vuelve a Madrid y, desde entonces, cobra creciente relevancia en la vida social y política de su tiempo. Pese a su ascendiente sobre la reina, sufre, por sus intrigas, varios destierros y atentados con arma de fuego. Muere en Madrid y a principios del siglo XX se inicia su proceso de beatificación.

retratados en los cuadros que rodean el claustro, en un escenario que recuerda el del cuarto acto de *Hernani*.

Al igual que ocurría en el primer acto, los conspiradores murmuran a espaldas del rey presente. En el momento en que Carlos suspende la conversación de los cortesanos pueden oírse las voces de los sublevados y vemos cómo uno de ellos coloca en la mesa una carta. Dentro, un coro entona el mismo himno que había inspirado las blasfemias de Froilán; sin embargo, la melodía es ahora interpretada por el enloquecido monarca como una señal divina. El distanciamiento irónico que producen en el receptor las dos reacciones ante un mismo efecto sonoro le predispone para la interpretación posterior de los hechos.

Notemos cómo la precisión didascálica aumenta a medida que la acción se complica. No obstante el efectismo y la evidente pertinencia de la música, las antorchas encendidas y las procesiones que enmarcan el acto, nada resulta tan espectacularmente convincente como el diálogo mismo, irónico y fuertemente caracterizador de la personalidad de Carlos, marioneta de su propio drama.

Este segundo acto confirma una técnica de presentación de personajes a la que ya hemos asistido en el anterior. Cuando de dos protagonistas (individuales o colectivos) el primero ha de hacer mutis y el segundo debe iniciar un parlamento con un tercero que irrumpe, se evitan los silencios o la ruptura instantánea de la acción a través de escenas bisagra que provocan el diálogo de los tres y permiten la salida discreta de uno de ellos en un momento dado. Así, en el acto I se llegaba al parlamento entre Froilán y el rey a través de una pequeña conversación entre estos y Florencio, con quien el fraile hablaba ya en la primera escena. En la sexta, al grupo formado por el rey, sus cortesanos y Froilán, se sumaban Florencio e Inés, como movimiento previo al mutis general que dejará solos al religioso y a la joven. Ya en el acto II, mientras el fraile termina su intervención en la primera escena, entran el inquisidor y el prior, que dialogan un instante en el foro antes de que el último salga para permitir la charla de los otros dos.

Este procedimiento alterna con un segundo consistente en la incorporación a una escena colectiva de quienes van a protagonizar las sucesivas en solitario. Esto es lo que se verifica en la octava escena del acto II, donde en medio de una comitiva religiosa vuelven a las tablas, entre otros, Froilán y el vicario, únicos protagonistas de la siguiente. Una tercera técnica de presentación, especialmente rentable esta en el segundo acto, es el anuncio de la llegada de un personaje antes de que este irrumpa:

FROILÁN: Aquí se acerca el prior...
¿Qué agitación, padre, es esa?
(II, 10).
PRIOR: No bien empezó el conjuro,
cuando el hechizado... [...]
Pero vedle... aquí se acerca.
(II, 11).

El espacio general de la acción en el acto III es una sala que se abre a un ámbito exterior y a dos laterales. El inicio es en vacío, si bien las tablas se llenan inmediatamente con el ir y venir de los criados del conde, de izquierda a derecha, con «aparatos de mesa», según reza el apunte, para servir a los convidados a un banquete que no se ve, solo se escucha:

El teatro representa una sala en casa del conde de Oropesa. En el foro una puerta de dos hojas, que es la de la capilla u oratorio. A los lados otras dos puertas: la que está a la derecha del actor conduce fuera de la casa; la de la izquierda al comedor. Otra puerta habrá también a la izquierda para ir al interior de la casa. (III, acotación general).
Varios CRIADOS *entran en el comedor y otros salen; en este se oyen voces de convidados que están a la mesa.* (III, 1).
Desde que se empieza hasta la escena segunda criados del conde salen y entran [...] con aparatos de mesa. (*Idem*, *ap*.)

Froilán aparece en silencio, simulando contemplar a lo lejos la belleza de Inés. El pretexto para traerla al proscenio será un mareo que la obligue a salir del intuido comedor hacia la antesala que el espectador contempla. Allí continúa, desde los actos anteriores, el sillón en el que se han ido sentando el rey, el fraile y ahora la muchacha. Mientras esta se recupera, los asistentes contemplan desde una ventana –y describen para el receptor– el paso del cortejo procesional que anuncia un Auto de fe. Oropesa comenta las incidencias del mismo mientras resuenan ecos de tambores y clarines. Las notas del apunte son muy concretas a este respecto: dos veces se escucharán clarines y timbales a puerta cerrada, y otras dos con ella abierta, simulando cercanía. Simultáneamente sonarán, dentro también, voces y vivas. Como podemos observar, la presencia en el escenario de la desfallecida Inés y de Florencio es solo un pretexto para no vaciarla completamente durante las ocho escenas que ocupa esta serie de acciones narradas, no representadas.

Las bodas de Florencio e Inés coinciden, en efecto, con el Auto de fe que completa el exorcismo practicado al rey, en una efectista y espectacular plasmación de la armonía romántica entre Eros y Thanatos. La ceremonia es percibida por todos como una fiesta, como una diversión; en palabras de Inés:

> INÉS: Qué, ¿no vas?
> FLORENCIO: No, vida mía.
> INÉS: ¿Y por qué?
> FLORENCIO: ¿Te he de dejar?
> INÉS: No, no te quieras privar
>   de esa diversión... Yo iría
>   si fuera que tú. (III, 6).

Este carácter macabro de lo religioso se refuerza con la entrada del rey en el palacio de Oropesa para asistir a las bodas de sus ahijados. Recuerda entonces, melancólico, sus primeros esponsales, pero la evocación no surge, como cabría esperar, de la contemplación de los amantes felices, sino de los ecos del Auto de fe que proceden de la calle, muy similar al organizado para festejar su matrimonio y en el que habían muerto cincuenta herejes cuyas hogueras habían llenado la corte de un olor tan persistente que el propio soberano no ha sido capaz de olvidar:

> REY: Cuando mis primeras bodas
>   fue..., bien me acuerdo... La hoguera
>   sirvió de nupcial antorcha *(distraído)*,
>   triste luciendo... A mi lado
>   se hallaba mi tierna esposa...,
>   mi Luisa... y me suplicaba...
>   Mas no hubo perdón... [...] (III, 9).

El monarca pasa de la euforia al llanto y, enloquecido, pasea por el escenario. Lo único que apacigua su espíritu es la voz de Inés, que entona una melodía para tranquilizarle. En medio de este ambiente enrarecido se inician las bodas y Froilán aparece con los soldados de la Inquisición para apresar a la joven. La irrupción del clérigo no puede ser más efectista. La mirada del público, y la de los personajes que se encuentran en escena, se dirige a la puerta del foro, que da acceso a la capilla:

> Oropesa *toma por la mano a* Inés *y* Florencio *y se encamina con ellos y los demás asistentes hacia el oratorio. A la voz «Abrid» se abre la puerta de la capilla y aparece en ella* Froilán, *acompañado de* familiares *y* esbirros *de la Inquisición. Todos retroceden al verle y él se avanza en medio con aire lúgubre y funesto.* (III, 10).
> Los que están en la escena abren la puerta del foro y salen por ella [...] seis familiares, y seis alguaciles foro derecha. (*Idem, ap.*).

Paradójicamente, es en este momento de confluencia de las dos acciones del drama cuando Carlos se distancia de la segunda de ellas: el rey, que había descubierto en Inés la virtud de serenar su ánimo, cree coherente que pueda ser ella la única causante de sus males al igual que lo es de su bienestar. Los hechos se precipitan: Florencio saca la espada para defender a su prometida, pero es detenido; ninguno de los nobles presentes reacciona y el escudero les maldice por su cobardía; el rey, enfurecido, condena a muerte a los dos amantes. El mutis de Carlos, que huye lleno de espanto, afirma el carácter pusilánime de su personalidad tan bien como sus propias palabras. Al tiempo que el poder del último Austria mengua, el del religioso crece fantasmagóricamente. La reacción de Florencio es un alegato anticlerical muy claro y una crítica a un estado excesivamente dominado por prejuicios y supersticiones religiosas. Gil y

Zárate se expresa con enorme virulencia por boca del muchacho que representa, en el drama, unas aspiraciones muy similares a las de los jóvenes liberales de 1837:

> FLORENCIO: [...] ¡Oh, mengua! ¡Oh, torpe baldón!
> ¿Cómo España ha de ser grande
> si consiente que la mande
> quien le imprime tal borrón?
> Maldito mil veces sea
> ese Tribunal odioso,
> que siempre de sangre ansioso
> solo suplicios desea;
> que pretendiendo vengar
> del cielo la causa santa,
> la ofende y al orbe espanta
> a fuerza de asesinar.
> ¡Y ministro entre furores
> de la religión se dice!
> La religión le maldice
> y detesta sus horrores. (III, 10).

En este acto, como en el primero, no hay avance sustancial en la trama, sino que se da prioridad escénica a la aparición verbal de ciertos motivos románticos en un fondo que solo en los últimos compases deja de ser neutro. Será entonces cuando se rompa la atonía dominante: Florencio, que logra desasirse de los guardas que le retienen, acude en ayuda de Inés y la abraza. Este gesto, trasunto del que, feliz, cerraba el primer acto, es interrumpido por la Inquisición. Se abren, así, las puertas al desenlace.

Como suele ser habitual en la puesta en escena de dramas románticos decimonónicos, los actos que se desarrollan con luz ambiental alternan con los que tienen lugar en la penumbra. Aunque nada dice a este respecto la somera acotación del acto IV («El teatro representa un calabozo de la Inquisición»), el apunte sí precisa que el escenario ha de estar en penumbra: «Oscuro. Dama con farol y llaves izquierda empieza».

Froilán acude a la cárcel en que ha sido encerrada Inés y le ofrece la libertad a cambio de sus favores; la mujer se niega. Florencio consigue verla y le propone morir por efecto de un veneno que el escudero guarda en su anillo, aunque finalmente ambos descartan la idea del suicidio, que supondría reconocer un delito que no han cometido. Al mismo tiempo, estalla una revuelta popular en la que son asaltados el palacio de Oropesa y el de la Inquisición; en medio del tumulto, Inés y Florencio intentan huir, pero son detenidos; el joven cae herido, y la muchacha, creyéndole muerto, se desmaya.

Los parlamentos de Inés con Florencio, Froilán, y el carcelero permiten incorporar al drama nuevas variantes de motivos recurrentes, como el del amor impío que conduce al abismo al amante que no puede sustraerse a él o el de la unión más allá de la muerte, impuesta, no voluntaria tras rechazar explícitamente la transgresión que supone el suicidio propuesto inicialmente por el joven amante. En estas primeras escenas la representación suprime los siguientes versos del impreso:

Escena 4:

Inés: [...]
Mi destino aparecer
fue en el mundo un solo instante
y unir, cual rosa fragante,
el morir con el nacer.
Ve la tarde perecer
flor que la aurora vio abrir;

Escena 5:

Inés: [...]
Esta halagüeña esperanza
me da en mis males aliento;
pero, ¡ay!, el celeste asiento
solo la virtud le alcanza,
y es criminal nuestro intento.
[...]

y en tan rápido existir,
esta corta y triste vida
solo me fue concedida,
¡ay!, para amar y sufrir.
Florencio, dueño adorado,
yo soy, yo, quien te asesino.
Fatal te fue mi destino;
¿por qué, por qué me has amado?
Te prometí, desdichado,
suerte de amor placentera:
te engañé; solo te diera
en premio de tu pasión
por palacio una prisión,
y por tálamo una hoguera.

De los hombres a despecho,
templo la hoguera será,
o de rosas blando lecho,
donde al fin en lazo estrecho
nuestra unión se cumplirá;

Comprobamos que tanto en un caso como en otro, los versos que se eliminan implican una actitud derrotista en Inés. De este modo, el personaje femenino queda caracterizado en todo momento, en las tablas, como una mujer fuerte, cuyo ánimo no desfallece ni siquiera cuando sabe que va a morir.

El diálogo de Inés con su carcelero insiste en la línea de crítica a las instituciones religiosas que veíamos en el acto anterior. También el responsable de la prisión expresa la falta de libertad en que le sume la dependencia del Santo Oficio: es tal el poder que sobre las personas ejerce la institución que incluso anula los sentimientos más básicos del hombre. Del custodio sabemos que tiene conciencia, que es capaz de llorar al contemplar la desdicha de Inés, que el recuerdo de su mujer y de sus hijos le conmueve y que no soporta vigilar el encuentro de los amantes, pese a lo cual su profesión y el miedo le obligan a no sentir piedad ni compasión:

CARCELERO: [...] No es ese mi oficio, no:
mi oficio es solo escuchar
los lamentos y dormirme
de su sonido al compás;
es ver males y reír,
ver suplicios y gozar.
Yo tengo este corazón
aún más duro que el metal
con que forjados los grillos
de estas mazmorras están.
Ni una lágrima en mi vida
se me ha visto derramar. (IV, I).

La llegada de Froilán a la cárcel introduce interesantes matices en la caracterización de este personaje, sin olvidar que es un religioso y que, por tanto, la repercusión de todos sus actos alcanza al estamento mismo que representa. En un primer momento el clérigo parece justificar su pasión en tanto débil ser humano: la fuerza de su sentimiento, de ese amor romántico infausto y aborrecible que le acosa, es tal que ningún ser puede sustraerse a su dominio. La propia Inés compadece al hombre que no puede evitar serlo:

FROILÁN: [...] ¡Inútil batallar! Solo combato
           para ser más vencido... Presa horrible
           de algún genio maléfico encargado
           de mi condenación, ya abierto miro
           el infierno a mis pies, y en él me lanzo.
INÉS: ¡Ah! ¡Me dais compasión...! Si a tanto precio
           venganza he de encontrar, yo la rechazo. (IV, 3).

Pero en un segundo tiempo, la ilusión de bondad en Froilán se desdibuja. No es su naturaleza lo que el drama denuncia, lo que le deslegitima en sus anhelos, sino la concepción del sentimiento amoroso como una —otra— forma de tiranía. Por amor Froilán está dispuesto a ofrecer dinero, placeres mundanos, una posición en la corte..., poder en definitiva. Del mismo modo, si Inés se niega a sus requerimientos, esa misma pasión ejercerá su poder tiránico y conducirá a la muchacha a la muerte:

> Froilán: De un amante vulgar, dime, ¿qué esperas?
> Solo inconstancia, olvido, eterno llanto
> e indeleble baldón; vil instrumento
> de algunos días de placer, acaso
> para él serías y, cual mueble inútil,
> logrado el torpe fin, luego arrojado.
> Inés: ¡Oh! *(Con horror.)*
> Froilán: ¡Cuál otro es mi amor! A par que ardiente,
> firme le probarás; sí, cuando te amo
> es por la vida; por la vida juro
> a tus plantas estar rendido, esclavo.
> ¿Qué no haré yo por ti? ¿Quieres riquezas?
> Habla, y tantas tendrás que en lujo, en fasto
> te envidien esas damas que orgullosas
> ostentan su beldad en los palacios.
> ¿Quieres gozar placeres? Los placeres
> te seguirán doquier... (IV, 3).

La tiranía que ejerce Froilán no deja lugar a dudas si tenemos en cuenta que su venganza no recaerá solo en la persona de Inés, sino en Florencio, para hacer aún más cruel el suplicio de la muchacha.

La decoración corta en que se desarrollan estas cinco primeras escenas cambia en la sexta; el interior de la cárcel deja paso a un exterior lleno de luz donde tiene lugar un episodio de tintes costumbristas:

> *La escena cambia a la vista y representa una plaza. En el foro está el palacio del* conde de Oropesa. *A los lados se*

ven el despacho de un TAHONERO, *la tienda de un* ARMERO *y una taberna. Multitud de gentes están amontonadas delante de la tahona esperando su turno para alcanzar pan; grande agitación entre ellas, con muestras de impaciencia y de cólera; unas a otras se procuran quitar el puesto, empujándose y gritando.* (IV, 6).

Las acotaciones, mínimas hasta ahora, se suceden en esta segunda parte del acto describiendo movimientos y acciones, al tiempo que confieren a la escena un color local aún mayor que el producido por el propio decorado. Las intervenciones, breves y ágiles de hasta seis personajes individuales y tres colectivos («varios», «todos», «otros»), imprimen un dinamismo inesperado a la representación. El público presencia la revuelta popular y ve cómo salen a escena «hombres, mujeres, muchachos, armados de palos, espadas, lanzas, mosquetes, escudos y toda clase de armas» (IV, 6). El apunte ofrece en este momento más datos complementarios que en el resto del drama y señala con detalle la entrada de los diferentes actores y los preparativos, entre bambalinas, de los efectos posteriores: «prevenidos para abrir los balcones del fondo y Silvostri [criado de Oropesa] con escopeta en él», «prevenidos vidrios, golpes y fuego en la casa al foro». Especialmente interesante es la información que ofrece el cuaderno para la representación con respecto a las luces en la escena sexta, ya que, tal y como en él se anota, debe comenzar a oscurecer cuando los hombres y mujeres del pueblo apedreen la casa del tahonero pidiendo pan. Según la acotación impresa el declinar de la luz comienza mucho después, cuando ya se ha consumado el asalto al palacio de Oropesa como consecuencia de la revuelta popular. Al adelantar el descenso en la intensidad lumínica, la representación sumerge en la penumbra el acto subversivo (como suele ser habitual en las puestas en escena románticas), a diferencia de la edición, donde toda la revuelta popular se efectúa a plena luz.

Es también en este episodio donde el movimiento de los personajes se hace todavía más vivo: un grupo de hombres se dirige a la casa del armero, otros se van y vuelven inmediatamente con teas; los primeros entran de nuevo, y juntos caminan hacia el foro, al palacio de Oropesa; mientras, el tabernero coloca en un lateral del proscenio una mesa con vino que ofrece los sublevados. Todos ellos irrumpen a un tiempo en la casa del noble, excepto dos, que permanecen conversando en escena unos instantes, el tiempo que tardan en regresar los demás. Esta salida escalonada culmina con un mutis general en el instante mismo en que entra otro grupo, el de los que acaban de asaltar el palacio de la Inquisición. Su estancia en las tablas es muy breve: todos ellos huyen precipitadamente tras felicitarse por haber hecho posible la liberación de los presos del Santo Oficio. Conociendo ya esta noticia, el espectador contempla sin asombro la irrupción de Florencio e Inés en la escena siguiente, la séptima. El acto finaliza centrando de nuevo la mirada del público en los dos amantes. Como afirma la crítica de *El Siglo XIX* (1837: 175-176), este es el mejor momento de la pieza, «[...] pues el autor despliega en él todas las dotes de su imaginación rica y profunda; así como es para nosotros la mejor escena del drama la sexta del cuarto acto [...]. El final es de un efecto sorprendente».

Carlos II es uno de los pocos dramas de su tiempo en que un hecho subversivo se presenta abiertamente en escena, a la vista del público, y no es sugerido o relatado por terceros, como ocurría en *La Conjuración de Venecia* o en *Doña María de Molina*, por ejemplo. Aquí los protagonistas son hombres y mujeres entre los que se individualizan algunas voces, como la del Tremendo, que tienen personalidad propia. Gil y Zárate, bastante exaltado en su juventud, plantea una revuelta en absoluto idealizada. Su descripción del talante del pueblo evita el paternalismo y la demagogia, pues plantea cómo dentro de él también hay diferentes posturas, más egoístas unas, más solidarias otras. El drama expone, en primer lugar, el modo en que la revuelta contra la tiranía puede derivar en desmanes personales y venganzas de tinte xenófobo: se apedrea la casa del tahonero primero porque no quiere repartir pan al pueblo, sí, pero posteriormente se argumenta que, además de ladrón, es judío (IV, 6).

Del mismo modo, se explica que en un determinado momento un simple discurso enardecido puede hacer variar radicalmente las inclinaciones del pueblo y el sentido de la revuelta. Vemos, por ejemplo, cómo el agente salva la vida del alguacil y del tahonero y encamina la ira del pueblo hacia Oropesa:

> AGENTE 2º: Deteneos.
> No un despreciable alguacil,
> no un mísero tahonero
> de nuestro justo furor
> hoy deben ser el objeto.
> Los que causan nuestros males,
> esos castigar debemos;
> los viles cuya codicia
> con la miseria del pueblo
> trafica, y llenan sus cofres

>   quitándonos el sustento;
>   los que engañando al monarca...
> Todos: Tiene razón; esos, esos.
> Agente 2º: Diez años ha que Oropesa
>   abusa del sufrimiento
>   de esta nación: ¿hasta cuándo
>   nos ha de tener opresos?
> Varios: ¡Que muera Oropesa!
> Todos: ¡Muera! (*Idem*).

En tercer lugar, el drama plantea que los intereses últimos de los que se levantan contra el orden establecido pueden terminar por ser personales, como si la única revuelta efectiva fuese la que conlleva un bien inmediato, una solución rápida a problemas concretos, a los pequeños dramas personales bien diferentes de los políticos que incumben a los poderosos. Mientras una parte de los hombres y mujeres del pueblo entran en casa de Oropesa para prenderle, otros se quedan fuera y reflexionan:

> Hombre 2º: Llegad... A nosotros
>   ¿qué nos importa todo esto?
>   Que mande Oropesa o no,
>   siempre lo mismo estaremos.
>   [...]
>   Saquemos algún provecho
>   de este motín... Ya es de noche;
>   algunos más de los nuestros
>   podemos juntar y todos,
>   así como asaltan esos
>   el palacio de Oropesa,
>   la Inquisición asaltemos. (*Idem*).

También en los villanos radica el honor. El Tremendo, por ejemplo, perdona la vida al criado de Oropesa, que ha preferido quedarse para defender la huida de su señor que huir con él. La lealtad es un valor que hay que premiar:

TREMENDO: ¿Le seguías?
CRIADO: Pude hacerlo;
         pero no quise.
TREMENDO: ¿A qué fin?
CRIADO: Con el fin de deteneros.
TREMENDO: ¿Luego te entregas por él?
CRIADO: Cumplo así con lo que debo.
TREMENDO: Bien... Escucha tu sentencia.
CRIADO: Ya la escucho.
Tremendo: Estás absuelto.
VARIOS: ¿Cómo?
TREMENDO: Es leal, es honrado:
         yo a tales hombres aprecio. (*Idem*).

La pieza de Gil y Zárate afirma en este acto, por último, que también la revuelta popular puede ser generosa y justa, y no solo personalista, si es guiada por un hombre con integridad ética, como el Tremendo.

La acción política y la revuelta se imbrican, pues, en la segunda, de tipo amoroso, y por tanto el desenlace de la primera condiciona el de esta última. De ahí que veamos en el final del cuarto acto que Inés y Florencio son liberados por el pueblo en el asalto a las mazmorras del Santo Oficio, pero también que, víctimas de esa furia popular incontrolada a la que antes nos hemos referido, el muchacho sea herido e Inés le crea muerto.

El marco lógico para la conclusión de un drama presidido por el constante presagio de la muerte no podía ser más adecuado que el que plantea el acto V. Tiene este lugar en el panteón de El Escorial, de nuevo a oscuras, iluminada apenas la escena por el hacha encendida de un monje. Como ha ocurrido a lo largo de toda la pieza, el monarca aparece sentado, mostrando en su postración física la moral. De modo paralelo a la reflexión ante los retratos en el acto II, ahora el rey medita sobre su decisión política frente a las tumbas de sus antepasados. Como apunta Shaw (1997: 344), «si la escena en el panteón estuviera relacionada con su condena [de Inés] y no con la sucesión de la corona, o al menos con ambas, su simbolismo podría haber sido tan importante como la del panteón de *La Conjuración de Venecia*».

Esta bajada al sepulcro del rey sirve de pretexto para una interesante reflexión sobre el papel de las instituciones. La elección de un espacio en el que confluyen la muerte, el poder político y la religión es significativa ya que reproduce visualmente en escena un símbolo de la influencia que se le reconoce a la iglesia en el estado y, al mismo tiempo, de la inanidad de ambos poderes, el político y el eclesiástico, pues ambos se consumen y desaparecen. Además, Carlos califica de horrible sitio al centro mismo de la monarquía española, al panteón-palacio en sí. Las palabras del monarca en torno a la falta de luz divina y al destino de eterna oscuridad en que vive inmerso ese centro neurálgico de poder tienen un valor metafórico muy claro en el XIX:

> Rey: ¡Qué horrible sitio!
> ¡Qué lobreguez!... Aquí ni un solo rayo
> de esa divina luz, que con su brillo
> alegra al mundo y al mortal conduce,
> consigue penetrar... Es su destino
> eterna oscuridad, silencio eterno...
> Para abrir esas puertas es preciso
> que lloren los monarcas, que se cubra
> de luto el trono... ¡Qué pavor, Dios mío! (V, 2).

La contemplación de los restos de reyes y emperadores

conduce a Carlos (y al receptor de la pieza) a una reflexión sobre el desmoronamiento de la monarquía y del imperio español, real en 1837 y más aún en los años 70 en que esta obra volverá a gozar del favor del público en la I República:

> Rey: [...] Avancemos, en fin... Salud, morada
> de la muerte, salud... Paz os envío,
> ilustres ascendientes que en otro tiempo
> temiera el universo estremecido,
> y ahora en polvo trocados, bien pudiera
> el soplo dispersar de esclavo indigno...
> En vano aquí con orgullosa pompa
> vuestra nada encubrís: igual destino
> que al vasallo más vil al fin os cupo,
> y con un peso igual estáis medidos...
> Mas al menos de un bien que allá en el mundo
> no tuvisteis, gozáis...: la paz... Yo envidio
> ese preciado bien, y solo espero
> con vosotros hallarlo en este sitio. (*Ídem*).

En los otros actos ha quedado claro el carácter tiránico y demagógico de dos estamentos concretos: el clero en general (Froilán) y la Inquisición (los religiosos que participan en el exorcismo del rey, entre ellos el impostor padre Antonio). En el último se manifiesta de forma explícita la falsedad de los altos cargos eclesiásticos en la España del siglo XVII, puesto que el encargado de manipular la voluntad del rey es el mismísimo cardenal Portocarrero, uno de los hombres más poderosos de su tiempo.

Portocarrero intenta que el rey firme la cesión de los derechos sucesorios al trono de España a favor del candidato francés, Felipe de Anjou, futuro Felipe V. Pero el rey duda y se siente traidor a sus antepasados por negar, con esa firma, el acceso al trono de un Austria, de un príncipe de su misma línea dinástica. El cardenal, entonces, se esfuerza en doblegar la voluntad del monarca, primero con razonamientos demagógicos pero suaves, sin imposiciones, con cautela:

> REY: ¿Qué es lo que voy a hacer?... No..., no lo puedo: es superior a mí tal sacrificio.
> PORTOCARRERO: ¡Superior! ¿Qué decís...? En un monarca
> ¡tanta debilidad...! Cuando es preciso
> de su pueblo en favor un noble esfuerzo,
> ¿puede nunca dudar en consentirlo? (*Ídem*).

El segundo argumento es ya intimidatorio: un Borbón es la voluntad del Papa de Roma, es decir, la de un ministro de Dios colocado jerárquicamente por encima del propio rey. La reacción de este a la sugerencia de una merma en su poder omnímodo es, una vez más, airada:

> PORTOCARRERO: ¡Ah! No es el corazón en tales casos
> quien se debe escuchar... Prestad oídos
> tan solo a la razón... Ese es el voto
> de los pueblos, señor, del Papa mismo.
> Cuando un santo deber todos prescriben,
> ¿vos el solo seréis a resistirlo?
> ¿Pondréis en la balanza una familia
> con un pueblo...? Jamás... ¡Atroz delito!
> REY: ¿Qué es lo que osas decir...? ¿Do estás hablando
> por ventura olvidaste, fementido?
> ¿Sabes tú quién te escucha...? Tiende, tiende
> la vista en derredor de este recinto:
> tus reyes son a quien agravias... Tiembla
> que se alcen de la tumba enfurecidos
> y en su justa venganza, desdichado,
> lancen sobre tu frente el exterminio. (*Idem*)

A falta de mejores vías disuasorias, Portocarrero esgrime (como antes han hecho Froilán y el vicario) el resorte definitivo: el miedo, el temor de Dios. Un acto de poder tiránico decide, pues, el destino de la corona:

>   PORTOCARRERO: Sobre mi frente no..., sobre la vuestra...,
>   pues el justo mandato osáis, impío,
>   del cielo resistir..., pues de una raza
>   hoy preferís el interés mezquino
>   al de la eternidad... Decid: ¿qué cuenta
>   daréis, débil monarca, al juez divino,
>   cuando sin cetro, sin poder, os llame
>   ante su Tribunal, cuando en castigo
>   de tanta obstinación lance sus rayos
>   y os sepulte su fallo en el abismo?
>   REY: No más..., no más..., ya le obedezco... Dadme
>   una pluma. (*Idem*).

En la tercera escena tiene lugar una nueva mutación de decorado. En este caso «El teatro cambia y representa un salón regio. Puerta al foro; otra puerta a un lado, y en el opuesto grandes ventanas y balcones» (V, 3). El apunte se encarga en este momento de prevenir y precisar diferentes efectos de sonido: «Prevenidos tambores y clarines escalera izquierda arriba. [...]. Voz y rumor continuo hasta el fin en el foro». (*Idem*).

El esquema de presentación de los protagonistas que exponíamos al hablar del tercer acto se repite en este momento. Froilán reflexiona, solo, mientras contempla algo desde el balcón: de nuevo un personaje en escena sirve de mero sustento verbal para la descripción, esta vez de los reos camino del patíbulo. El rey entra y se acerca a la ventana para contemplar el paso de la comitiva. En ese instante, cesan las voces y el sonido de los tambores. Inés irrumpe, despeinada, vestida de blanco con el sambenito, y se arroja a los pies de

Carlos pidiendo clemencia. El monarca no desea escucharla, pero reconoce en el anillo de la muchacha la prenda que en otro tiempo había dado a la mujer que le amó. Por un instante creemos en la posibilidad de un desenlace feliz:

REY:	¡Oh, cielo!
	¡Qué dulce voz! ¡Qué consuelo
	al escucharla encontré!
	¿Conque al fin te pude hallar,
	objeto de mi deseo?
	Te abrazo y apenas creo
	de tanta dicha gozar.
	[...]
	¿Me querrás?
INÉS:	¿Lo preguntáis?
	¿Y vos a mí?
REY:	¿Tú, mi vida?
	Si te he llorado perdida,
	¿no he de amarte? (V, 7).

Froilán intenta hacer prevalecer en el monarca la razón de estado. Carlos duda. Las palabras del fraile le hacen enloquecer, del mismo modo que esos ruidos, cada vez más fuertes, que se escuchan desde el foro. De nuevo es el apunte el que nos permite conocer la existencia de estos indicios sonoros que subrayan la voluble personalidad del rey en el momento del desenlace:

a) Impreso.	b) Notas del apunte.
(V, 8)	(*Idem, ap.*)
FROILÁN: Vos cual padre podéis compadecerla;	
pero yo soy su juez.	
REY: ¿Acaso os manda	
ser despiadado ese	
deber horrible?	*Voces y murmullos escalera izquierda*

FROILÁN: Lo manda; que no
 es mía la venganza:
 es venganza del cielo.
[...]
REY: Basta, fraile infernal, basta..., tu boca
 todo el veneno de las Furias lanza.
 Vete, vete de aquí: si más te escucho, *Rumor fuerte*
 creo que al mundo entero asesinara.
 Más ¿qué es esto?

(V, 9)   (*Idem*)

INQUISIDOR: ¿Pensáis acaso *Voces confusas: muera la hechicera.*
 que aun a vos la corona os ampara?
 No, desdichado: por lo mismo, fuera
 más segura y terrible la venganza.
[...]
 Ya enfurecido   *Voces fuertes.*
 al mirar que la víctima le arrancan,
 viene a pedirla y a vengar al cielo.
[...]
REY: ¡Rey infeliz...! No puedo... Perdonadla:
  Muy fuertes.
 postrado aquí vuestra clemencia imploro.

La segunda parte del acto retoma los contenidos y la escenografía macabra que hicieron célebres al drama. En este momento confluye definitivamente la acción personal del rey con la amorosa de Inés y el desenlace de la segunda se liga al ámbito de la temática política tal y como han ido avanzando, a lo largo de la pieza, los diferentes anticipos premonitorios. La locura en que sume a Carlos el haber traicionado a sus antepasados cerrará su corazón a toda piedad: si no puede perdonarse a sí mismo tampoco podrá perdonar a Inés, que burla la vigilancia de los soldados e irrumpe en el palacio para pedir clemencia.

En efecto, la anagnórisis que descubre el origen de la muchacha, interpretada como desvarío por los demás, agrava la crueldad del desenlace. Se hace presente en este momento el recurso más habitual en los finales teatrales románticos: el suplicio de la esperanza, es decir, hacer que los personajes vislumbren una posible felicidad que bruscamente se les niega, lo que incrementa su dolor. Todo parece haberse solucionado: Carlos se reconcilia con su pasado y abandona los remordimientos que, convenientemente manipulados, han servido a la Iglesia para enloquecer su razón y dominarle. Pero en ese instante Inés menciona la palabra fatídica, «hechizo», que funciona como un resorte en la mente del monarca y le devuelve al estado de miedo en el que su voluntad se anula. Recobra el clero su ascendiente sobre el último Austria y comienzan a surgir dudas sobre ese posible final feliz que casi se había conseguido. Más que cualquier sugestión, afirma el drama, es la Iglesia la que ha hechizado al soberano, que en sus manos se convierte en un fantoche del que se pueden obtener favores, prebendas y el poder suficiente como para elegir a un pretendiente al trono. Las palabras del rey en este sentido son, paradójicamente, muy lúcidas:

INÉS: ¿Y qué importa...? ¿No sois rey?
¿Quién vuestro poder contrasta?
REY: ¡Ah! Que mi poder no basta
ante su inflexible ley.
¿Ignoras que no hay perdón
cuando lanza su anatema?
¿Ignoras que aun mi diadema
la humilla la Inquisición?
¡Lo sabes y no te espantas,
que yo, al oír su sentencia,

mudo quedo en su presencia
y tiemblo, y caigo a sus plantas! (V, 7).

Froilán, que había decidido hablar al rey a favor de la muchacha para salvarle la vida –cuando creía muerto a su rival, Florencio–, se vuelve atrás en su decisión al descubrir que la joven es hija de Carlos. El clérigo ha hecho de la ambición el principal motor de su existencia, desconfía de la mujer que se ha colocado, por su origen, en una posición privilegiada y teme el poder que le confiera ser la hija única del soberano. Inés ha pasado de ser un objeto de deseo a convertirse en una enemiga política y eso hace que las reglas del juego varíen. La joven ya no es un peón que se pueda mover al gusto de Froilán; ahora ella también participa en la misma partida y es preciso derrotarla. En consecuencia, la sentencia de Inés se hace firme. Las protestas del rey, el afán por imponer su ley de monarca absoluto se desdibujan, una vez más, ante las terroríficas palabras de Froilán, que sabe cómo doblegar la voluntad de Carlos:

FROILÁN: [...] ¡Y vos...! Pero ¿qué más...? Volved la vista
y ese cuadro mirad... ¿A quién retrata?
(Le enseña el retrato de Felipe II, que estará colgado en una pared del salón.)
REY: ¡Oh, qué recuerdo atroz...! El gran Felipe...
FROILÁN: El grande, sí... ¿Sabéis por qué le llaman
el grande, lo sabéis...? Un hijo tuvo...
REY: Callad... ¡Qué ejemplo!
FROILÁN: No, no vacilaba
cuando preciso fue sobre su cuello
descargar de la ley la justa espada;
y la espada cayó y en un mudo pasmo
vio el tremendo castigo toda España.
REY: Dadme a mí su poder, dadme su gloria,
y entonces imitar podré su saña.

FROILÁN: ¡Imitarla, decís...! ¿Son por ventura
             las víctimas iguales...? ¿Compararlas,
             alma débil, podéis...? Al primogénito,
             al sucesor legítimo inmolaba;
             y vos, ¿a quién...? ¡Oh, qué vergüenza...! Solo
             al fruto impuro de pasión nefanda;
             hija del crimen que en sus hechos viles
             no desmiente el origen que la infama.
REY: Callad, callad, por Dios.
FROILÁN: A vuestros reinos
             presentad esta hija, presentadla.
             Decidles: ¿la miráis...? Esta que ha poco
             entre odiados herejes caminaba
             a la hoguera fatal; esta que impura
             lleva en su frente la indeleble mancha
             de acusación atroz, esta, españoles,
             el vástago postrero es de mi rama. (V, 8).

A esta humillación del soberano se suman los otros grados eclesiásticos que intervienen en el drama. El cardenal Portocarrero y el inquisidor asestan el golpe final a la voluntad regia y Carlos II enloquece definitivamente. La peripecia argumental no remata aún: en un giro teatral brusco, reaparece Florencio entre los secuaces del Santo Oficio y asesina a Froilán; mientras, Inés es conducida a la hoguera.

ESPECTACULARIDAD Y RECEPCIÓN CRÍTICA

En términos generales los dos últimos actos, y en concreto las segundas partes de los mismos, son un ejemplo claro de la proporción inversa que guardan los binomios movimiento escénico-efectismo visual y riqueza textualefectismo verbal. La inserción de temas y motivos comúnmente aceptados como generales de la estética romántica es tanto más rica y textualmente productiva cuanto menor es la gestualidad, el movimiento escénico, los efectos sonoros, el montaje visual... la teatralidad externa, en definitiva. Por el contrario, en el tercer y quinto actos los protagonistas ya no reflexionan, sino que actúan, de ahí la viveza de las escenas, el constante ir y venir de los personajes secundarios, los clarines y timbales, las voces que llegan desde la calle que se intuye al otro lado del foro...

Sin embargo, es preciso subrayar que una parte significativa de los contenidos de la pieza, sobre todo los relacionados con la quema de herejes en el Auto de fe, la procesión del Santo Oficio, el exorcismo a que es sometido el monarca..., no se representan, sino que se narran, tanto por los propios personajes como desde las acotaciones escénicas. A la vista de lo que hasta aquí hemos expuesto, parece evidente que Gil y Zárate concibe el drama dando cabida a planteamientos expositivos y narrativos. Para ello se vale de técnicas recurrentes en la escena española desde *Don Álvaro* (la recreación verosímil de un ambiente a través del movimiento continuo de secundarios en el fondo, el empleo efectista –y significativo– de los sonidos, las luces y las sombras...), pero decide apartar de la vista del público contenidos lo suficientemente impactantes como para ser narrados, aunque excesivamente provocadores (o complejos en su montaje) para su representación explícita.

Con o sin Auto de fe en escena, está claro que el público asistente al estreno y a las diferentes reposiciones del drama no tuvo dificultad para establecer un paralelismo muy claro entre los hechos dramatizados y su propio momento histórico. Algunos críticos del momento encontraron alusiones evidentes a la situación política de España, cuya reina niña –opinaban– era dominada por su madre como lo había sido Carlos, quien sube al trono a los cuatro años y gobierna hasta la mayoría de edad bajo la regencia materna[8]. La corte es descrita como un ámbito de conspiraciones, de mentiras, de intereses creados, de supersticiones y traiciones como las que los sectores más progresistas critican en el débil gobierno de María Cristina y que el público conocía bien.

No es extraño, por ello, que, entre las múltiples reposiciones de que fue objeto la pieza, la que se produjo en tiempos de la Gloriosa resultase de especial éxito. En el extenso monólogo del rey en la primera escena de la pieza, el espectador de 1868 descubre un reflejo de la lamentable situación de España durante el reinado de Isabel II:

> Nacido en día fatal,
> todo a mí contrario veo;
> el bien conozco y deseo,
> y solo consigo el mal.
> Al solio niño subí,
> y entre encontradas facciones,
> juguete de sus pasiones,
> solo rey en nombre fui.
> Su infame ambición tal vez
> mi juventud marchitaba,
> y a degradarme aspiraba
> en perdurable niñez.
> Mi humillación conocí,
> romper logré mis cadenas;
> mas libre del yugo apenas,
> en otro yugo caí.

---

[8] Síntesis de los paralelismos entre Carlos II e Isabel II en Gies 1996: 181-182.

> [...]
> me fue preciso buscar
> quién dirigiese esta nave.
> Los más nobles o alabados
> merecieron mi confianza;
> mas burlaron mi esperanza
> por ineptos o malvados.
> ¿Qué hicieron de aquel poder
> que heredé de mis abuelos?
> ¿Qué fruto de sus desvelos
> he venido a recoger?
> Doquier derrumbarse siento
> este decadente Estado;
> los años de mi reinado
> por los desastres los cuento.
> [...]
> ¡Oh, infamia! ¡Oh, mengua! ¡Oh, dolor!
> ¡Oh, del hado injusta saña!
> ¿Es esta, cielos, la España
> de Europa un tiempo terror? (I, 3).

A la vista de cuanto he expuesto, puede entenderse que el estreno de *Carlos II el Hechizado* resultase extraordinariamente polémico. Por una parte, sabemos que la obra fue aplaudida durante muchas noches como máximo exponente del drama histórico. Así, *El Siglo XIX* (1837: 175-176) afirma:

> *Carlos II* es sin duda uno de los mejores dramas representados en la escena española. [...] En suma, el drama merece los aplausos que el público le ha prodigado, y deja entender hasta qué altura podrá llegar la literatura española en nuestro siglo.

J. de Salas y Quiroga (*No me Olvides*. 28: 12 de noviembre de 1837. 7-8), aun denostando la inmoralidad de la pieza, considera que el drama «es una obra maestra; en sus detalles es admirable [...]. El público, menos severo que nosotros, aplaudió estrepitosamente este drama y llenó el teatro varias veces consecutivas». Un año más tarde, con motivo de la reposición de esta pieza, *El Siglo XIX* (1838: 79-80) comenta: «El público ha aplaudido como siempre las bellezas de este drama a pesar de las críticas demasiado severas que de él habían hecho varios periódicos».

Muy conocido es el juicio que el dramaturgo y la obra le merecen a R. de Mesonero Romanos en sus *Memorias de un setentón* (Madrid: Ábaco, 1982. 360):

> [...] en algún momento de satánica tentación se dejó arrastrar (sin duda alguna contra sus íntimas convicciones) por el orgullo de dar a conocer en todos sentidos sus poderosas facultades poéticas, se lanzó a ofrecer a la vista de un público extraviado por la pasión política un drama de carácter terrorífico, en que acertó a presentar con colores tan brillantes como falsos un período histórico harto desdichado, reflejado en la persona y corte del último monarca de la monarquía austríaca; y empujado por el ardor de su composición poética con el objeto de lisonjear, como lo consiguió en alto grado, las pasiones de la multitud, no retrocedió ante la idea de falsear la historia.

Y es que de todas las presumibles arbitrariedades del drama, es el alejamiento de la historia –y no su carácter diabólico– lo que verdaderamente preocupa a Mesonero, así como al crítico del *Semanario Pintoresco Español* (3 de diciembre de 1837: 380-381) que comenta el estreno del drama en estos términos:

> Hay quien le supone escrito para rivalizar con las más exageradas obras de Víctor Hugo y Alejandro Dumas. [...] La historia no ha impedido el vuelo de la imaginación del autor, pues no ha titubeado en dar una hija al

impotente, último vástago de la casa de Austria, y en hacer inquisidor, tirano, fraile, impío y sacrílego, monstruo sangriento y feroz al buen padre maestro Fr. Froilán Díaz, virtuoso y perseguido injustamente por el Tribunal de la fe.

Todavía en 1861, con motivo de la muerte del dramaturgo, puede constatarse en la prensa la encendida polémica que la consideración moral del drama y del personaje de Froilán suscita entre defensores y detractores de la obra (Rodríguez Gutiérrez: 2010). Un año antes, Antonio Gil y Zárate publica en *El Escorial* un juicio crítico sobre la misma en el que deja muy claros los tres objetivos que ha perseguido al escribirla: pintar una época de la historia de España en la que se manifestasen claramente los perniciosos resultados de un mal gobierno, anatemizar el Tribunal de la Inquisición (por primera vez abolida nominalmente en 1812 y todavía añorada por los carlistas a mediados de siglo) y reivindicar la libertad del Estado con respecto al poder eclesiástico. El resultado es un drama hijo, en efecto, de la estética y de las ideas liberales de su tiempo.

Carlos II el Hechizado, susceptible, en definitiva, de una lectura en clave metafórica, se sumaría, desde un punto de vista conceptual, a la lista de voces críticas con el antiliberalismo encarnado por los sectores más reaccionarios del clero, bajo cuya influencia, denuncia el drama, resulta imposible el avance en el camino de las libertades. La moral natural de Florencio e incluso los débiles intentos del monarca por sacudirse el yugo de sus remordimientos perecen como los intentos reformadores de la España de 1837 bajo el peso del fanatismo y el oscurantismo que derivan en tiranía cuando se ponen al servicio del poder.

Esta edición

Parto para esta edición del texto de la primera (Madrid, Repullés, 1837), si bien modernizo la ortografía y la puntuación para adaptarla a la norma culta actual. Los datos históricos que anoto se sustentan en la bibliografía que menciono en el apartado correspondiente; las explicaciones de tipo léxico están avaladas por la última edición del *Diccionario de la Real Academia Española* y por el *Nuevo Tesoro Lexicográfico de la Lengua Española*. Añado, en referencia al pie, las anotaciones manuscritas que la compañía efectúa sobre el texto dramático original en el momento de preparar el estreno de la obra. El único apunte de este drama ofrece precisiones sobre luz, movimiento y decorados, de las que carece la versión impresa de la pieza. Estos cuadernos para la puesta en escena se conservan, junto a las partituras que el maestro Carnicer compuso para acompañar la representación de 1837, en la Biblioteca Histórica Municipal de Madrid (*TEA* 187-4 y *Música de comedias* 8-14, respectivamente). Sus indicaciones se publican, por vez primera, en la presente edición.

Bibliografía específica sobre Gil y Zárate, *Carlos II el Hechizado* y Carlos II

Cantero García, V. «*Carlos II el Hechizado* (1837) o el teatro ecléctico de Antonio Gil y Zárate». *Estudios Humanísticos. Filología*, 30: 2008. 57-82.

Contreras, J. *Carlos II el Hechizado: poder y melancolía en la corte del último Austria*. Madrid: Temas de Hoy, 203.

Checa Beltrán, J. «Poética y Romanticismo: Gil de Zárate y la herencia neoclásica». *Salina*, 15: 2001. 167-174.

Liverani, E. *Un personggio tra storia e letteratura. Don Carlos nel teatro spagolo del XIX secolo*. Firenze: La Nuova Italia, 1995.

Morales Sánchez, I. «La retórica en la trayectoria vital de un político del siglo XIX: Antonio Gil y Zárate». A. M. Seoane Pardo *et al*. *Retórica, política e ideología: desde la antigüedad hasta nuestros días*. Salamanca: Logo, Asociación Española de Estudios sobre Lengua, Pensamiento y Cultura Clásica, 2000, vol. II. 281-288.

Muñoz Sempere, D. «Crisis y salvación nacional en el teatro de Gil y Zárate: de *Carlos II el Hechizado* a *Guzmán el Bueno*». *España Contemporánea*, 21-2: 2008. 81-98.

Ribao Pereira, M. *Textos y representación del drama histórico en el romanticismo español*. Pamplona: EUNSA, 1999.

_____. «Poder y tiranía en *Carlos II el Hechizado*, de A. Gil y Zárare». Hesperia, 7: 2004, 163-184.

Ribot, L. *Carlos II. El rey y su entorno cortesano*. Madrid: Centro de Estudios Europa Hispánica, 2009.

Rodríguez Gutiérrez, B. «De retractaciones y falsificaciones. Antonio Gil y Zárate y *Carlos II*». R. Gutiérrez Sebastián y B. Rodríguez Gutiérrez. *Desde la platea. Estudios sobre el teatro decimonónico*. Santander: PubliCan, 2010. 35-76

_____. «Para una revisión del teatro de Antonio Gil y Zárate». *Siglo Diecinueve. Literatura Hispánica*, 17: 2011. 7-32.

Bibliografía fundamental sobre el romanticismo teatral español

Adams, N. B. «French Influence on the Madrid Theatre in 1837». *Estudios dedicados a don Ramón Menéndez Pidal*. Madrid: CSIC, 1957. Vol. I, tomo VII. 135-151.

Caldera, E. «L'inquisizione e il fanatismo religioso nel teatro spagnolo del primo ottocento». *Letteratura*, 8: 1985. 27-42.

_____. *El teatro español en la época romántica*. Madrid: Castalia, 2001.

Caldera, E. y A. Calderone. «El teatro en el siglo XIX (1808-1844)». J. M. Díez Borque. *Historia del teatro en España*. Madrid: Taurus, 1988. Vol. II. 377-624.

García Cárcel, R., *La Inquisición*, Madrid, Anaya, 1995.

Gies, D. T. *El teatro en la España del siglo XIX*. Cambridge: University Press, 1996.

Llorens, V. *El romanticismo español*. Madrid: Castalia, 1989.

Menarini, P. «La statistica commentata. Vent' anni di teatro in Spagna (1830-1850)». *Quaderni di Filologia Romanza*, 4: 1984. 65-89.

Parker A. y E. A. Peers. «The influence of Victor Hugo in Spanish Drame». *Modern Language Review*, XXVIII: 1933. 205-216.

_____. «The Vogue of Victor Hugo in Spain». *Modern Language Review*, XXVII: 1932. 36-57

Peers, E. A. *Historia del movimiento romántico español*. Madrid: Gredos, 1973.
Penas Varela, E. «El drama romántico». J. Huerta Calvo, dir. *Historia del teatro español. Del siglo XVIII a la época actual*. Madrid: Gredos, 2003. 1895-1941.
Romero Tobar, L. *Panorama crítico del romanticismo español*. Madrid: Castalia, 1994.
Ruiz Ramón, F. *Historia del Teatro Español (Desde sus orígenes hasta 1900)*. Madrid: Cátedra, 1988.
Sebold, R. P. «Nuevos Cristos en el drama romántico español». *Cuadernos Hispanoamericanos*, 431: 1986. 126-132.
Shaw, D. L. «El drama romántico como modelo literario e ideológico». V. García de la Concha, dir., G. Carnero, coord. *Historia de la Literatura Español. Siglo XIX (I)*. Madrid: Espasa Calpe, 1997. 314-351.
Simón Díaz, J. *Víctor Hugo en Madrid*. Madrid: Instituto de Estudios Madrileños, 1992.

Carlos II
el Hechizado

Carlos II el Hechizado,
drama original en cinco actos y en verso
por don Antonio Gil y Zárate

Personajes

Inés
El rey, don Carlos II
Fray Froilán Díaz, confesor del rey
Florencio, paje del rey
El cardenal Portocarrero
El inquisidor general
El conde de Oropesa, presidente de Castilla
El conde de Montalto, presidente de Aragón
El conde de San Esteban
El conde de Frigiliana
Harcourt, embajador de Francia
Harrach, embajador de Austria
El vicario de las monjas del Rosario
El prior de Atocha
El prior del Escorial
Un comisario de la Inquisición
El carcelero de la Inquisición
El Tremendo
Un armero
Un tahonero
Un alguacil
Un criado del conde de Oropesa
Un ujier de palacio
Un oficial de guardia
Un capitán de soldados de la fe
Un monje del Escorial
Agentes 1º y 2º del motín
Hombres 1º, 2º, 3º, 4º y 5º del pueblo
Mujeres 1ª y 2ª del pueblo
Muchachos 1º y 2º del pueblo

Un capuchino, dos sacristanes, grandes, señoras, criados del rey, criados de Oropesa, pajes, guardias, alguaciles y familiares de la Inquisición, soldados de la fe, hombres, mujeres y muchachos del pueblo, frailes de Atocha

Acto primero

El teatro representa la cámara del REY.

Escena I

FROILÁN. FLORENCIO[9]

FROILÁN: Alabado sea Dios.
FLORENCIO: Por siempre alabado, amén.
FROILÁN: ¿Qué hay, Florencio?
FLORENCIO: El rey os llama.
FROILÁN: ¿Tan temprano?
FLORENCIO: Son las diez
FROILÁN: Como no suele...
FLORENCIO: ¿Y qué importa?
¡Qué linda flema[10] tenéis!
FROILÁN: ¿Se ha de salir en ayunas
uno a la calle?
FLORENCIO: No, a fe.
¡Todo un padre Froilán Díaz,

---

9   Ap.: *[Florencio] aparece y [Froilán] puerta derecha. [Ugier] puerta foro derecha y a poco [Carlos] y dos criados.* Estas notas aparecen allí donde el responsable de la puesta en escena considera que previenen con tiempo suficiente las entradas o mutaciones de las que dan cuenta. La sintaxis de estas indicaciones marginales de los apuntes es muy elemental, como corresponde a su finalidad escénica, no literaria. Si bien en ellas se apela al personaje por el actor que ejecuta el papel, para facilitar la comprensión de la información que esta notas brindan sustituyo el nombre del actor por el personaje correspondiente, que coloco entre corchetes. En el caso de enumeración de secundarios, consigno, para simplificar, *[actores]*.

10   *Flema*: calma excesiva, impasibilidad.

                        todo un confesor del rey!   10
                        ¡No faltaba más...! Por eso
                        muy reforzado vendréis,
                        no con manjares livianos,
                        sino fruta de sartén:[11]
                        jamón, torreznos... y es justo;   15
                        porque el oficio es cruel.[12]
FROILÁN: Pajecillo sin conciencia,
                        ni temor de Dios, yo haré...
                        En fin, ¿qué sucede, di?
FLORENCIO: ¿No sabéis?
FROILÁN: ¿Qué he de saber?   20
FLORENCIO: Hemos tenido una noche...,
                        ¡qué noche...! Por poco el rey
                        se nos queda entre las manos.
FROILÁN: ¿Qué dices? ¿Le dio otra vez
                        el insulto?[13]
FLORENCIO: Sí, terrible,   25
                        cual nunca... Yo me asusté.
                        ¡Qué temblor! ¡Qué convulsiones!
                        ¡Qué alaridos...! Más de seis
                        éramos a sujetarle;
                        mas, ¿quién le sujeta, quién?   30
                        Parece, Dios me perdone,
                        un endemoniado.
FROILÁN: Pues
                        no hay que burlarse, que acaso...
FLORENCIO: ¿Qué?

---

11   *Fruta de sartén*: dulces de sartén; en este caso, frituras en general.
12   Obsérvese la ironía con la que, desde los primeros versos, se plantea la crítica al clero ocioso, cortesano y más preocupado de los placeres terrenales que de los asuntos del espíritu. La gula del padre Froilán será solo uno —el primero- de los pecados capitales que el clérigo encarne en la obra.
13   *El insulto*: indisposición repentina que priva de sentido o de movimiento. Acepción hoy en desuso.

FROILÁN:	No digo que lo esté;
	mas los síntomas... Y luego	35
	la gente ha dado en creer...
FLORENCIO:	Dichos del vulgo.
FROILÁN:	Algo más;
	que el Tribunal de la fe
	ha llegado a tomar cartas
	en el asunto, y tal vez...	40
FLORENCIO:	¿Formará causa al demonio
	y en un Auto le hará arder?
FROILÁN:	¡Hereje...! Calle esa lengua.
FLORENCIO:	¡Ay! Del refrán me olvidé:
	¡con la Inquisición, chitón![14]	45
FROILÁN:	¡Pues cuidado...! Yo no sé,
	en verdad, cómo a su lado
	el rey te puede tener.
	¡Un hombre sin religión!
FLORENCIO:	Padre, no me calumniéis:	50
	que a veces quien más la invoca
	más la vulnera también.
	Soy joven, vivo y alegre;
	el rey es triste; tal vez
	suelo sus melancolías	55
	con mis chistes distraer;
	¡qué mucho, pues, que me quiera,
	que me proteja! Sabed
	(más bajo, acercándose a él)
	que quiere ser mi padrino.
FROILÁN:	Qué, ¿te casas?
FLORENCIO:	Sí.

---

[14] Variante del refrán «Con la justicia y la Inquisición, chitón». Fernández de Lizardi en «El laberinto de la utopía» (*El pensador mexicano*, II-5, 1813) menciona otra: «Con el rey y la Inquisición, chitón!». Se refiere, en cualquier caso, al poder incuestionable del Santo Oficio.

Froilán:	¿Con quién?	60
Florencio:	Con un ángel.	
Froilán:	¿Será joven?	
Florencio:	Sí; de mi edad vendrá a ser.	
Froilán:	¿Bella?	
Florencio:	Sin igual.	
Froilán:	¿Modesta?	
Florencio:	El mismo candor.	
Froilán:	¡Muy bien!	
	No hay que preguntar si la amas.	65
Florencio:	La amo, la adoro: poco es.	

Cuando en ferviente oración
vuestra mente con desdén
de este mundo se desprende
y el cielo entreabierto ve, 70
¿no adoráis arrebatado,
del trono eterno a los pies,
esa inmaculada Virgen
vencedora de Luzbel?
De virtud la aureola[15] pura 75
ciñe su divina sien,
sus ojos, fuente de vida,
consuelo infunden doquier,[16]
su risa enajena el alma,
sus labios expiden[17] miel, 80
y a su voz el firmamento
tiembla de amor y placer.
Así tan pura y tan bella
se muestra mi amada Inés;
y cual los ángeles aman, 85

---

15   *Aureola*: círculo luminoso alrededor de la cabeza de los santos.
16   *Doquier*: en todas partes.
17   *Expedir*: dar

	así la adoro también.	
Froilán:	¡Cómo...! ¿Inés?	
Florencio:	Sí.	
Froilán:	¿Bella, joven?	
Florencio:	¿Acaso la conocéis?	
Froilán:	No..., pero... Di: ¿dónde vive?	
Florencio:	¡Oh! Mucho queréis saber.	90
Froilán:	Curiosidad.	
Florencio:	Algo extraña...	
Froilán:	De mí, ¿qué puedes temer?	
Florencio:	Los ojos se os encandilan;[18]	
	padre, mala señal es.	
Froilán:	¿Eso dices a quien voto	95
	formó...?	
Florencio:	Con voto o sin él,	
	no os la fiara, por Dios.	
Froilán:	¡Insolente...! Juro...	
	(Sale un ujier*).*	
Ujier:	El rey.	
Florencio:	Poco me gusta este fraile. *(Aparte).*	
	Mala alma debe tener.	100

Escena 2

Dichos. El rey. Criados

Sale el rey *pálido y débil sostenido por criados. Estos le conducen hasta un ancho sillón, en el que se coloca como hombre enfermo y doliente.* Florencio *acude a servirle.*

---

18   *Encandilar*: encenderse por el deseo amoroso.

Rey:	¡Hola, Florencio...! Estarás rendido.	
Florencio:	Ya descansé. ¿Os sentís mejor?	
Rey:	Un poco; bastante débil.	
Florencio:	¿Queréis un almohadón?	
Rey:	No hace falta: así sentado estoy bien.	105
Froilán:	Señor...	
Rey:	¡Ah! Padre Froilán, ¡mala noche!	
Froilán:	Ya lo sé.	
Rey:	¡Qué ataque! Mi hora postrera ya llegada pensé ver.	110
Froilán:	Dios conservará una vida tan preciosa.	
Rey:	Ya mandé se celebren rogativas.[19]	
Froilán:	Eso os iba a proponer.	
Rey:	Ahora quiero con vos consultar.	115
Froilán:	Como gustéis.	
Rey:	Vosotros dejadnos solos...	
	(Vanse los criados*).*	
	¡Ah! Florencio, no olvidé mi promesa.	
Florencio:	¡Qué, señor...!	

---

[19] *Rogativa*: oración pública hecha a Dios para conseguir el remedio de una grave necesidad. El personaje de Carlos II aparece en la obra como un ser débil y esclavo de sus propias creencias. La crítica a la influencia de la religión en la política y Estado, que se inicia en este momento, refuerza el efecto que produce la de la caracterización negativa del padre Froilán en la primera escena.

| | Sanad pronto y no penséis... | 120 |
| Rey: | Ya sanaré con la gracia
de Dios... Mas quisiera ver
a la novia. |
| Florencio: | Si gustáis,
luego, señor, la traeré. |
Rey:	Que me place... Ve por ella.	125
Florencio:	Voy corriendo.
Rey:	Hasta después.

(*Vase* Florencio).

Escena 3

El rey. Froilán

Rey: Ya solos hemos quedado;
padre, tomad, pues, asiento;
tomad, que abriros intento
hoy mi pecho acongojado.   130

(Froilán *toma un sillón y se sienta al lado del* rey).

Bien lo veis: funesto mal
mi triste vida consume,
y en vano el arte[20] presume
parar mi instante fatal;
no me importa, venga, vuele;   135
más bien temo su tardanza;
en Dios pongo mi confianza;

---

20 *Arte*: maña, disposición favorable para conseguir, en este caso, la curación del rey.

	solo mi nación me duele.
Froilán:	Señor, no habléis de esa suerte,
	ni cedáis al desconsuelo; 140
	mirad que ofendéis al cielo
	así invocando a la muerte.
Rey:	¡Yo invocarla...! Padre, no;
	lejos de mí tal pecado;
	mas si hay un rey desgraciado, 145
	ese sin duda soy yo.
Froilán:	¿Por qué, señor...? ¿Hay alguno
	que en poder con vos se iguale?
	Pues, ¿cuál otro cetro vale
	el cetro español...? Ninguno. 150
	Leyes os miran dictar
	al uno y otro hemisferio,
	y jamás en vuestro imperio
	el sol deja de alumbrar.
	Con raudales de oro y plata 155
	todo un mundo os enriquece;
	¿quién tributos no os ofrece?,
	¿quién no os respeta y acata?
	Pues si esto es cierto, señor,
	¿por qué la vida os enoja?, 160
	¿qué mala suerte os arroja
	así a manos del dolor?
Rey:	Nacido en día fatal,
	todo a mí contrario veo;
	el bien conozco y deseo, 165
	y solo consigo el mal.
	Al solio[21] niño subí

---

21 *Solio*: trono.
22 En efecto, Carlos II es nombrado rey a los cuatro años, tras la muerte de su padre, Felipe IV. La reina viuda, Mariana de Austria, asume la Regencia, asistida por una Junta de Regencia. El padre Nithard y Fernando de Valenzuela se hacen cargo del poder como validos.

y entre encontradas facciones,
juguete de sus pasiones,
solo rey en nombre fui.[22]   170
Su infame ambición tal vez
mi juventud marchitaba,
y a degradarme aspiraba
en perdurable niñez.
Mi humillación conocí,   175
romper logré mis cadenas;
mas libre del yugo apenas,
en otro yugo caí.[23]
Siempre enfermo, el peso grave
no resistí de reinar;   180
me fue preciso buscar
quien dirigiese esta nave.
Los más nobles o alabados
merecieron mi confianza;
mas burlaron mi esperanza   185
por ineptos o malvados.
¿Qué hicieron de aquel poder
que heredé de mis abuelos?
¿Qué fruto de sus desvelos
he venido a recoger?   190
Doquier derrumbarse siento
este decadente Estado;
los años de mi reinado
por los desastres los cuento.
Si algún día de la guerra   195
quise probar la fortuna,
me vi sin gloria ninguna

---

23   Acaso se refiera al ejercido por Juan José de Austria, hermanastro del rey, que se hace con el poder en 1676 y muere coincidiendo con las primeras bodas de Carlos, en 1679.

roto en mar y roto en tierra;
mis reinos menguados ya
fueron en la lid funesta,   200
y lo que de ellos me resta
yermo y despoblado está.[24]
Mas no basta a mi dolor
su presente desventura;
que aun más su suerte futura   205
llena el alma de temor.
Lo conozco: ya en presencia
de la eternidad me miro;
mas a mi postrer suspiro
¿quién recogerá esta herencia?   210
En vano por mí lució
la antorcha nupcial dos veces;
que sordo el cielo a mis preces
mi lecho estéril dejó.[25]
Hoy que mi muerte interesa   215
a monarcas ambiciosos,
todos la acechan ansiosos
cual suele el lobo a su presa.[26]
Y ¡quién lo hubiera creído!
Ya con tan dulce esperanza,   220
formando oculta alianza,
mis reinos se han repartido.
¡Oh, infamia! ¡Oh, mengua! ¡Oh, dolor!
¡Oh, del hado injusta saña!

---

[24] Los validos se suceden, entre ellos el duque de Medinaceli y el conde de Oropesa. Los frentes bélicos abiertos en toda Europa dan como resultado importantes pérdidas territoriales.

[25] Ninguna de sus dos esposas, María Luisa de Orléans y Mariana de Neoburgo, consiguió concebir un hijo. La autopsia practicada al cadáver del rey informó de graves malformaciones incompatibles con la facultad de procrear.

[26] Su primera esposa, María Luisa, muere en 1689; apenas un mes después, se decide su matrimonio con Mariana de Neoburgo, que participará activamente en las intrigas palaciegas en torno a la sucesión.

	¿Es esta, cielos, la España	225
	de Europa un tiempo terror?	
	Con mi funesto vivir	
	su poder eché por tierra;	
	y la discordia, la guerra,	
	son mi legado al morir.	230
Froilán:	Señor, por Dios, desechad	
	tan tristes presentimientos:	
	hijos tales pensamientos	
	son de vuestra enfermedad.	
	Si aleve[27] coalición	235
	vuestros estados codicia,	
	hablad, y de su injusticia	
	apelad a la nación,	
	a esta nación de guerreros	
	que ama y respeta a sus reyes,	240
	mas no sufre le den leyes	
	ambiciosos extranjeros.	
	Una palabra, señor,	
	burlará sus pretensiones:	
	sí, dejando indecisiones	245
	nombrad vuestro sucesor.	
Rey:	¡Ay! Padre, en esa elección	
	todos mis tormentos hallo:	
	conmigo mismo batallo,	
	y me tiembla el corazón.	250
	Amor y un deber sagrado	
	al Austria mis votos dan;	

---

27 *Aleve*: traidora
28 A la muerte del pretendiente José Fernando de Baviera, Carlos hace testamento a favor de Felipe de Anjou, que era nieto de Luis XIV de Francia (hijo de Luis XIII y de Ana de Austria) y de su esposa María Teresa de Austria, la mayor de las hijas de Felipe IV y, por tanto, hermana del *Hechizado*. El otro candidato al trono es el Archiduque Carlos, bisnieto, a su vez, de Felipe III.

	pero por la Francia están	
	prudencia y razón de estado.[28]	
	¡Oh, alternativa terrible	255
	que otro arbitrio[29] no consiente	
	que el ser injusto pariente	
	o ser monarca insensible!	
	Si el cielo al menos quisiera	
	mi existencia prolongar,	260
	tal vez en el dilatar	
	el remedio consistiera.	
	Padre mío, ¿qué dolencia	
	es esta, pues, que me acaba,	
	que aunque más y más se agrava	265
	ni aun la adivina la ciencia?	
	¿Hay en esto algún misterio?	
	Decid, vos bien lo sabéis.[30]	
Froilán:	Señor...	
Rey:	No disimuléis.	
	Hablad: vuestro ministerio	270
	os obliga...	
Froilán:	No me es dado	
	revelar...	
Rey:	¡Ay! ¿Será cierto?	
Froilán:	¿Qué?	
Rey:	A proferirlo no acierto...	
	Dicen... que estoy... hechizado.	
Froilán:	¡Oh, Dios...! ¿Quién osó decir...?	275
Rey:	¿Conque es verdad...? ¡Cielo Santo!	
	¡Ah! *(Se cubre el rostro con las manos).*	
Froilán:	No hay que afligirse tanto,	

---

29 *Arbitrio*: sentencia
30 *Ap.: [Ujier] al toque de campañilla, puerta foro derecha. [Harcourt] entrando y [Harrach], [Portocarrero], [Montalto], [San Esteban], [Frigiliana], [Oropesa] y seis caballeros puerta derecha.*

	que aún está por decidir:	
	de ello trata el Santo Oficio;	
	no sé qué resolverá;	280
	pero la Iglesia sabrá	
	conjurar el maleficio.	
Rey:	Eso sí debéis hacer,	
	y sanar tal vez consiga:	
	desde hoy quiero se bendiga	285
	cuanto me den de comer.	
Froilán:	Iré luego al tribunal	
	a avivar su santo celo;	
	mas decid: ¿tenéis recelo	
	del origen de ese mal?	290
	Causa es preciso que exista;	
	y al emplear el conjuro,	
	el efecto es más seguro	
	si la sabe el exorcista.	
Rey:	Solo a mis muchos pecados	295
	atribuirla yo puedo.	
Froilán:	Los reyes, os lo concedo,	
	suelen ser harto culpados;	
	mas vos siempre habéis vivido	
	en santo temor de Dios.	300
Rey:	Yo también del vicio en pos	
	un tiempo, padre, he corrido.[31]	
Froilán:	¡Cómo...! Hablad.	
Rey:	A vuestras plantas	
	mi culpa confesaré;	
	y mi dolor templaré	305
	con vuestras palabras santas.	

---

31 El episodio que comienza aquí a relatar el rey carece de sustento histórico. Se trata de una invención del dramaturgo para unir la acción política con la personal amorosa de Inés y Florencio.

(*Se pone de rodillas delante del* PADRE FROILÁN*; este le hace levantar y* EL REY *se vuelve a sentar*).

FROILÁN:	Alzaos, señor, alzaos:	
	advertid que estáis doliente;	
	y, aunque humilde penitente,	
	os lo permito, sentaos.	310
REY:	Oíd, padre.	
FROILÁN:	Pecador,	
	hablad: ¿qué nuevo delito	
	vuestro corazón contrito[32]	
	así llena de terror?	
REY:	No es nuevo, no, padre mío:	315
	ha tiempo que soy culpado.	
FROILÁN:	Y ¿no lo habéis confesado?	
REY:	Sí tal: no soy tan impío.	
	Mil veces arrepentido	
	lo dije al padre Matilla	320
	que os precedió en esa silla.[33]	
FROILÁN:	Y ¿absolveros no ha querido?	
REY:	Sí, padre; y aun penitencia	
	hice ya con devoción;	
	mas si él dio su absolución	325
	no me absuelve mi conciencia.	
FROILÁN:	¿Qué culpa...?	
REY:	Yo también tuve	
	cual otros mi mocedad:	
	pagué tributo a la edad,	
	y descarriado anduve.	330
	Era cuando Valenzuela	

---

32 *Contrito*: arrepentido de la culpa cometida.
33 El dominico fray Pedro Matilla se convierte en confesor del rey en 1686. Ejerce una gran influencia sobre el monarca y colabora activamente en diferentes tramas sucesorias. Es destituido en 1698 y sustituido en el cargo por Froilán Díaz.
34 Fernando de Valenzuela fue valido en la regencia de Mariana de Austria, durante la minoría de edad del rey.

	mandaba la monarquía,	
	y mantenerme quería	
	en vergonzosa tutela.³⁴	
	Las fiestas y los placeres	235
	acumulaba sagaz	
	porque turbasen la paz	
	de mi pecho las mujeres.	
	¡Ay! Harto lo consiguió;	
	y una, aunque plebeya, hermosa,	340
	en el alma candorosa	
	de amor la llama encendió.	
	Sí, padre, yo la adoré,	
	lo confieso con rubor,	
	y en mi criminal ardor	345
	dulces momentos pasé.	
	Bendecir no quiere el cielo	
	santa y legítima unión,	
	y logró torpe pasión	
	lo que ahora en vano anhelo.	350
	Hermosa como su madre,	
	una niña... Perdonad:	
	lloro..., hago mal..., es verdad;	
	pero es el llanto de un padre.	
Froilán:	Y ¿cómo lo he de culpar?	355
	Un monarca es hombre, al fin;	
	y solo de un serafín³⁵	
	es propio nunca pecar.	
	Mas esa niña, ¿do³⁶ existe?	
	¿Cuidasteis de ella, señor?	360
Rey:	¡Ah! Que mi culpa mayor	

---

35 *Serafín*: espíritu bienaventurado.
36 Como se puede observar, el léxico del drama es voluntariamente arcaizante. La forma *do* por *dónde* se reduce en su empleo a la poesía y es forma antigua.

	en eso, padre, consiste.
FROILÁN:	¿Cómo?
REY:	Vino fray Matilla

a combatir mi pasión,
y lavó mi corazón   365
de tan impura mancilla.

FROILÁN: ¿Mas la niña?
REY: Su inocencia
en mí turbaba la calma;
y por la salud del alma
la arrojé de mi presencia.   370

FROILÁN: ¿La abandonasteis?
REY: ¡Ah! No.
Mandé a la madre dinero;
mas con encargo severo
de no verme.

FROILÁN: ¿Y lo cumplió?
REY: Dieciséis años habrá   375
que no he vuelto a saber de ellas.

FROILÁN: ¿Ni habéis seguido sus huellas?
REY: Yo las siguiera quizá;
no porque torpe afición
me arrastrase hacia la madre;   380
pero el cariño del padre
hablaba a mi corazón.

FROILÁN: ¿Quién lo estorbó?
REY: El confesor,
que mi salvación buscaba,
esa flaqueza culpaba.   385

FROILÁN: ¡Oh! Fue sobrado rigor[37],

---

37 *Rigor*: severidad.

	perjudicial, aunque santo:	
	si así el gran Carlos pensara,	
	jamás a Europa salvara	
	el vencedor de Lepanto[38].	390
Rey:	¿Luego pensáis que debí	
	acoger a esa inocente?	
Froilán:	Y ¿por qué no?	
Rey:	¡Dios clemente!	
	¿Por qué tan inicuo[39] fui?	
	Mas, ¿dónde podré encontrarla?	395
Froilán:	Dios, señor, os guiará.	
Rey:	Bien, lo haré. ¡Cuál ansío ya	
	contra este pecho estrecharla!	
	Siento nacer un consuelo	
	que en mí por momentos crece;	400
	y ya, feliz, me parece	
	me abre sus puertas el cielo.	
	Padre, la obra acabad:	
	dadme vuestra absolución.	

(*Se arrodilla y* Froilán *le da la absolución, después de lo cual se levanta*).

Froilán:	Tomadla... y mi bendición.	405
Rey:	Al cielo por mí rogad.	
	Ahora que ya aliviado	
	de cuerpo y alma me siento,	
	recibir la corte intento;	
	mas no os marchéis de mi lado.	410

(*Toca la campanilla de una escribanía*[40] *que habrá sobre una mesa*).

---

38 Se refiere a los amores del Emperador Carlos I de España y V de Alemania con Bárbara Blomberg, cuyo fruto fue don Juan de Austria, héroe de la batalla de Lepanto (1571).
39 *Inicuo*: malvado, injusto.
40 *Escribanía*: escritorio o mueble para guardar papeles.

Escena 4

Dichos. El ujier

Ujier: Señor, ¿qué es lo que mandáis?
Rey: ¿Quién aguarda en esas salas?
Ujier: Aguardan el cardenal,
 el embajador de Francia,
 el de Austria, los presidentes, 415
 el conde de Frigiliana
 y otros grandes.⁴¹
Rey: Que entren todos.

(Vase el Ujier*).*

Escena 5

Dichos. Harcourt. Harrach. Portocarrero. Montalto. San Esteban. Frigiliana. Oropesa. *Otros* grandes

Los grandes *se agrupan de modo que estén juntos los que pertenecen a cada una de las dos parcialidades de Francia y Austria.* Portocarrero *y* San Esteban *pertenecen a la primera.* Oropesa *y* Montalto *a la segunda.* Frigiliana *y algún otro forman grupo aparte.*

Rey: Señores, guárdeos el cielo.
Portoc.: Con impaciencia esperaba
 nuestra lealtad este instante: 420
 vuestra presencia nos saca
 de una penosa inquietud;
 y a Dios tributamos gracias,

---

41 Un grande de España es un noble en el más alto grado. Antiguamente (en el tiempo de Carlos II) gozaban los grandes de enormes privilegios, tanto materiales como simbólicos. Entre estos últimos cabe destacar su derecho a permanecer cubierto en presencia del rey, en caso de tratarse de un caballero, o de sentarse ante la reina, si la grande de España en cuestión era una dama.

| | pues conservarnos le plugo
a tan amado monarca.⁴² | 425 |
| Rey: | Pensé me llamaba a sí;
mas al fin no ha sido nada,
y ya me siento mejor. | |
| San Est.: | ¿No veis qué abatido se halla?
(Bajo a los de su corro). | |
| Harc.: | Muy poco vivirá ya. | 430 |
| Oropesa: | Su enfermedad es muy mala.
(Lo mismo). | |
| Mont.: | ¿Cuál es? | |
| Oropesa: | Hechizos. | |
| Mont. y otros: | ¡Jesús!
(Se santiguan). | |
| Rey: | ¿Habéis dispuesto que se hagan,
cardenal, las rogativas? | |
| Portoc.: | Todos los templos de España
al cielo dirigirán
por vos fervientes plegarias. | 435 |
| Rey: | Está bien. Oíd, Harrach. | |

(Harrach *se acerca y* el rey *le habla al oído. Entre tanto, los* grandes *pertenecientes a las diferentes parcialidades se acercan unos a otros y se hablan en voz baja, conforme lo indica el diálogo).*⁴³

| Portoc.: | ¿Qué le dirá? | |
| San Est.: | No me agradan
estos secretos. | |
| Harc.: | No importa:
al fin vencerá la Francia. | 440 |
| Oropesa: | ¿No advertís que no hace caso
del uno, y al otro no llama? | |

---

42 Ap.: [Inés], [Florencio] puerta derecha.
43 Obsérvese este juego de diálogos paralelos, organizados escénicamente en microsecuencias, que ofrecen un vivo panorama de las intrigas cortesanas a merced de las que se articula el gobierno del rey Carlos.

Mont.:	Eso nos prueba que el rey	
	da la preferencia al Austria.	445
Portoc.:	Es fuerza no descuidarse.	
San Est.:	Esa funesta privanza	
	de Oropesa...	
Froilán:	Nada haremos	
	hasta derribarle.	
San Est.:	Nada.	
Harc.:	Yo le preparo una buena.	450
Portoc.:	¿Pues qué?	
Harc.:	Mis agentes andan	
	promoviendo en contra suya	
	una espantosa asonada.[44]	
San Est.:	No hay otro medio.	
Froilán:	Lo apruebo.	
Rey:	¿Estáis enterado?	
Harr.:	Basta:	455
	no he menester digáis más.	

(EL REY *deja de hablar con* HARRACH; *este se retira hacia el corro de los suyos, los cuales le preguntan con curiosidad*).

Oropesa.		
y Mont.:	¿Qué os ha dicho?	
Harr.:	Nuestra causa	
	va viento en popa.	
Harc.:	Apartaos,	
	que mira el rey.	
Rey:	¿Qué hay de Francia,	
	conde?	
Harc.:	Mi amo y rey por vos	460
	se interesa y por España.	

---

[44] *Asonada*: reunión violenta de una muchedumbre para conseguir fines, por lo general, de tipo político. Esta mención anticipa un hecho que se verificará más adelante y que, desde este momento lo sabemos ya, es instigado por el embajador francés y alentado por otros cortesanos, Froilán entre ellos

Rey:	Por eso en tratos secretos	
	con Inglaterra y Holanda	
	acaba de entrar, formando	
	los tres inicua[45] alianza	465
	para repartir mis reinos;[46]	
	mas unos y otros se engañan,	
	porque el león español	
	tiene energía sobrada	
	y, aunque parece dormido,	470
	si sus contrarios le agravian,	
	alzándose más terrible,	
	no quedará sin venganza.	
Harc.:	Ningún peligro, señor,	
	por mi rey os amenaza,	475
	y espero que su conducta	
	será por vos aprobada.	
	Sobre todo, ¿sus derechos	
	no tiene Luis? ¿Quién extraña	
	que defenderlos procure	480
	contra injustas esperanzas?	
Oropesa:	Las injustas son las suyas.	
	Los derechos de la infanta,	
	su esposa, ¿no renunció?[47]	
	Pues bien, ¿por qué los reclama?	485
San Est.:	No los pudo renunciar.	
	¿Por ventura así se cambian	

---

45 Veremos cómo a lo largo de la obra se repiten en múltiples ocasiones determinados términos, como los relacionados con el destino (*aciago*, *cruel*, *acerbo*...) o con el proceder de los personajes (*aleve*, *inicuo*...).

46 Durante el reinado de Carlos II se firmaron tres Tratados de Partición, el tercero de ellos en 1699 por Francia, Inglaterra y Holanda. En él se repartía el imperio español entre Luis XIV de Francia y el Archiduque Carlos.

47 Ana de Austria, tía de Carlos, y María Teresa de Austria, su hermana, habían renunciado a sus derechos sucesorios en España al casarse con Luis XIII y Luis XIV, respectivamente. Además de ello, el testamento último de Carlos II manifestaba que, asumiendo la corona española un hijo segundo del Delfín, no se corría el riesgo de que este heredase la francesa.

	las leyes de un reino? Solo	
	se quiso evitar que entrambas	
	coronas se reuniesen;	490
	si este obstáculo se allana,	
	al legítimo heredero	
	¿quién la sucesión arranca?[48]	
Oropesa:	La unión y la independencia	
	de monarquía tan vasta	495
	solo puede conservar	
	la dinastía austríaca.	
Portoc.:	¿A qué discutir? El rey	
	tiene consultado al Papa;	
	¿quién su sentencia infalible	500
	con veneración no aguarda?	
Frigil.:	Yo cual nadie la venero;	
	mas su autoridad sagrada,	
	si es absoluta en la iglesia,	
	en este asunto no basta.[49]	505
	Hay leyes, y por capricho	
	nadie puede derogarlas.	
	Cuando importantes cuestiones	
	como esta cuestión se tratan,	
	legítimo y nacional,	510
	con facultad soberana,	
	un cuerpo no más existe:	
	las Cortes... A convocarlas	
	estáis, señor, obligado,	
	y Castilla las aguarda.	515
	Su fallo sumiso el reino	
	siempre obedece y acata;	

---

[48] Este era uno de las reticencias que despertaba la candidatura del Borbón. De hecho, cuando Felipe V asume el trono de España se establece específicamente que renuncia a sus derechos franceses.

[49] Tanto el Papa como Portocarrero apoyaron, en efecto, la candidatura francesa.

mas donde falta su fuerza,
¿qué vale otra fuerza...? Nada.⁵⁰

(Al oír estas palabras todos los cortesanos se muestran asombrados y murmuran, alejándose de FRIGILIANA. *Solo alguno da muestras de aprobación).*

REY: Los murmullos que escucháis   520
os advierten, Frigiliana,
que ese atrevido consejo
en el desacato⁵¹ raya.
Si os perdonara sería
dar a los osados alas   525
para que al fin contestasen
mi autoridad soberana.
Salid de mi corte al punto,
e id desterrado a Granada.⁵²

FRIGIL.: Señor...

REY: Basta: obedeced.   530

*(*FRIGILIANA *se retira).*

Decidir en esta causa
solo a mí me pertenece;
mas de ello hablar no me agrada.
Despejad.

(Los cortesanos se van a retirar; pero al llegar a la puerta, salen FLORENCIO *e* INÉS; *se detienen y, prendados de esta última, vuelven atrás con ella).*

---

50   Tras este alegato del monarca se escucha, también, la reivindicación liberal del dramaturgo.
51   *Desacato*: falta de respeto.
52   Rodrigo Manuel Manrique de Lara, conde de Frigiliana, ocupó diferentes cargos en la corte de Carlos II, entre ellos el de Consejero de Estado en 1691. Aun cuando la acotación inicial de esta escena señala que no se alinea en ninguno de los dos bandos en litigio por la sucesión, el personaje histórico fue defensor de los intereses de la reina madre, Mariana de Austria, y de los Habsburgo.

Escena 6

Dichos. Florencio. Inés

Inés *manifiesta reparo en entrar;* Florencio *la anima y la hace adelantarse.*

Florencio: No tengas miedo:
entra, ven.
Inés: ¡Ay, Dios...! ¡Si se hallan   535
tantos señores!
Florencio: Son todos
cortesanos que a las damas
saben respetar.
Harc.: ¡Florencio!
¡Bribón! ¿Cómo te acompaña
tan bella joven?
Florencio: Es que...   540
Oropesa: Con efecto, es una alhaja.
Portoc.: ¡Qué aire tan angelical!
Harc.: Tiene la más linda cara...

(Harcourt *se acerca a* Inés, *que asustada se refugia en los brazos de* Florencio).

Inés: ¡Ay, Dios mío!
Rey: ¿Qué hay...? ¿Qué es eso?
Florencio: Yo soy, señor. Ven, avanza *(a* Inés*),*   545
que aquel es el rey.
Inés: Yo toda
tiemblo como una azogada.[53]
Florencio: Alienta.

---

[53] *Azogar*: contraer la enfermedad que origina la absorción de vapores de azogue o mercurio, cuyo síntoma más visible es el temblor intenso.

Rey:	¡Ah! Florencio: ¿vienes a cumplirme tu palabra? ¿Esa esa la novia?	
Froilán:	¡Oh, cielos! Es ella misma: ¡qué rabia!	550

(Aparte y asombrado al ver a Inés*).*

Florencio: Sí, señor. *(Al* rey*).*

Rey:	Bien me parece. Aire candoroso... trazas tiene de hacer buena esposa.	
Harc.:	¡Cómo...! ¿Con ella se casa este perillán?	555
Rey:	Y hay más: que soy su padrino.	
Port.:	¡Tanta bondad!	
Rey:	Es fiel servidor; y yo no conozco tasa cuando lealtades premio.	560
Oropesa:	Señor, os pido una gracia.	
Rey:	¿Cuál es?	
Oropesa:	Ser yo quien en nombre vuestro la conduzca al ara.[54]	
Rey:	Os lo concedo.	
Oropesa:	Las bodas se harán, Florencio, en mi casa.	565
Florencio:	Mucho me honráis, señor conde.	
Mont.:	Pues yo a la novia sus galas le prometo regalar.	
San Est.:	Yo también ricas alhajas.	

---

54 *Ara*: altar.

HARC.:	Y yo...
FLORENCIO:	Señores...
REY:	Bien: esa generosidad me agrada. Hermosa niña, acercaos..., nada temáis... Si un monarca de otros hombres se distingue, la bondad sola le ensalza[55].
INÉS:	¡Ah! Señor... mi sobresalto disipan esas palabras.
REY:	¿Cuál es vuestro nombre?
INÉS:	Inés.
REY:	¿Y vuestro padre?
INÉS:	En mi infancia me le arrebató el destino: murió sirviendo a su patria.
REY:	¿Quién cuidó vuestra niñez?
INÉS:	Mi madre, madre adorada, cuya pérdida reciente mi alma de dolor traspasa.
REY:	¿Quién os protege en el mundo?
INÉS:	La virtud y la esperanza.
REY:	¡Pobre niña...! Mucho arriesga la inocencia abandonada.
INÉS:	De hoy mas cesa mi orfandad, pues vuestra bondad me ampara.
REY:	Sí..., sí..., yo te ampararé. ¡Oh! ¡Qué sensación tan grata experimento al oírla![56] Esa voz..., esas miradas...

570

575

580

585

590

595

---

[55] El rey afirma ser dadivoso a la hora de premiar la lealtades y subraya que es la generosidad, precisamente, la virtud que debe ejercer un monarca por ser superior a los demás. El decurso de la acción negará, con los hechos, estas palabras.

[56] Comienza aquí el proceso de reconocimiento de la identidad verdadera de Inés por parte del rey.

Ven, hija, acércate más.
¿Conque tu madre te falta
también?

INÉS: A la tumba fría
la llevaron sus desgracias.

REY: ¿Era infeliz?

INÉS: ¡Ay! Jamás 600
la risa en su faz brillara.

REY: ¿Qué penas eran las suyas?

INÉS: Fatal secreto agobiaba
su pecho, y a mi ternura
siempre lo ocultó obstinada.[57] 605
Su existencia era llorar;
yo acudía a consolarla
y, más afligida entonces,
una profética llama
brillaba en sus ojos, ¡ay!, 610
que mil penas me anunciaba.
Exenta yo de recelos,
en Dios puse mi confianza.
Con la virtud, me decía,
con la virtud no hay desgracias; 615
si puro mi corazón
la alberga, si mis plegarias
dirijo al cielo contino,[58]
y en su protección descansa
la inocencia, ¿quién podrá 620
dañar a quien nunca daña?
¡Cuál me engañaba, señor!
Aquella dichosa calma

---

57 El secreto de la madre, como antes el destino del propio rey, se califican de *fatales*. La fatalidad, el sino, la adversa fortuna que persigue a los personajes románticos les impide cualquier posibilidad de dicha.
58 *Contino*: continuamente.

en breve turbada fue
por quien menos lo pensara. 625
Un hombre... ¡yo me horrorizo...!
Mas no era un hombre, que su alma
templo de la hipocresía,
de la maldad, de la infamia,
fingiendo santa virtud 630
todo el infierno abrigaba.
Ese hombre...

(*Mientras ha estado diciendo los anteriores versos,* Froilán *se habrá ido acercando a ella y, al llegar aquí, se le coloca delante.* Inés *alza la vista, le mira, da un grito, retrocede y va a refugiarse junto a* Florencio, *a quien abraza*).

       ¡Jesús mil veces!
    ¡Ay!
Rey: ¿Qué es eso?
Florencio: ¡Inés!
Oropesa: ¿Qué causa...?

(*Los cortesanos asombrados se acercan a* Inés *con interés*).

Inés: Huyamos de aquí. (*A* Florencio).
Florencio: ¿Por qué?

(Froilán *se acerca a* Inés *y, asiéndola por un brazo, la atrae hacia él.* Inés *vuelve la cabeza y se resiste aterrada*).

Inés: ¡Vos...! No..., no..., no.

(Froilán *la tira con fuerza, le impone*[59] *con la vista y la conduce de nuevo hacia* el rey, *diciéndole de paso en voz baja y con misterio*).

Froilán: Ven... y calla. 635
Rey: ¿Qué repentino terror...?
Froilán: ¡Qué! Señor... no ha sido nada.

---

59 *Imponer*: causar miedo o respeto.

Inés:	Sí..., nada..., nada. *(Con risa forzada)*.	
Rey:	Prosigue.	
Inés:	¿Qué...? Señor...	
Rey:	De tus desgracias la historia.	
Inés:	¿Quién...? ¿Yo...? Si he sido muy feliz... mucho.	640
Rey:	¿No hablabas de un hombre malvado?	
Inés:	Sí; mas era..., no sé..., me falta la memoria.	
Florencio:	Algún recuerdo funesto turbó la calma de su mente, y ya no acierta... Pero yo en breves palabras os lo diré... Perseguida por la pasión insensata de aquel monstruo cuyo nombre calla siempre horrorizada, huyendo su odiosa vista, su astucia, sus amenazas, abandonó el dulce hogar donde corriera su infancia. Vino a la corte y aquí al peso de sus desgracias sucumbió su tierna madre por quien todavía arrastra triste luto; y yo, señor, al verla desamparada,	645

650

655

660 |

	mi amor, mi mano y mi vida
	he jurado consagrarla.
Rey:	Y yo su padre seré[60].
	Hija mía, ven, abraza 665
	a tu protector, tu amigo.
Inés:	¡Ah! Señor...
Rey:	No temas: calma
	esa inquietud... ¿Por qué tiemblas?
	Tu llanto mis manos baña.
	¿Tienes, dime, algún pesar? 670
Inés:	No.., que este llanto lo arranca
	la gratitud.
Rey:	Yo también
	siento lágrimas que arrasan
	mis ojos... y conmovido
	palpita mi pecho.
Froilán:	Basta, 675
	señor. Advertid que estáis
	débil y enfermo; arriesgada
	para vos pudiera ser
	esa conmoción extraña.
Rey:	Decís bien, padre: conozco 680
	que la quietud me hace falta.
	Adiós, hija, adiós. Florencio,
	condúceme hasta mi estancia.
	Después de las rogativas
	vuestras bodas celebradas 685
	quedarán. Conde, os encargo
	los preparativos.
Oropesa:	Nada

---

[60] El efecto de este anticipo es dramático. El rey se compromete como padre cuando desconoce serlo, realmente, de la muchacha. Tras la anagnórisis, cuando Inés acuda a pedir su ayuda contra el Santo Oficio, Carlos le volverá la espalda.

| | faltará para que sean
| | dignos de tan gran monarca.
Inés: | ¡Florencio!
Florencio: | Espérame aquí.   690
| | Vuelvo, que el deber me llama.

(Vanse EL REY y FLORENCIO *por un lado; los* GRANDES *por otro*).

Escena 7

Inés. Froilán

Froilán: | ¡Bueno...! Aquí queda. *(Aparte)*.
Inés: | ¡Santo Dios! Me dejan
| | aquí sola con él... ¡Valedme, cielos!
| | *(Con el mayor sobresalto)*.
Froilán: | ¡Inés!
Inés: | Huyamos.

(Quiere salir).

Froilán: | ¿Dónde vas...? Detente.

(Va y la detiene).

Inés: | Dejadme.
Froilán: | Ven acá.
Inés: | No... no... ¡Florencio!   695
Froilán: | Calla.
Inés: | Soltad.
Froilán: | Tu resistencia es vana.

| | No, no te escaparás... ¡Al fin, te encuentro!
| | Propicio el hado mis anhelos cumple:
| | si una vez te perdí, ya te poseo.[61]
Inés: | Y bien, ¿qué me queréis?
Froilán: | ....¿Tú lo preguntas?   700
| | ¿Lo ignoras?
Inés: | ....¡Infeliz!
Froilán: | ....No, mi recuerdo
| | te persigue, te acosa..., tu descanso
| | turba y destruye cual fatal ensueño;
| | y tu mismo terror, tu llanto mismo
| | prueban que siempre, detestado objeto,   705
| | en ti mi imagen con tus odios vive,
| | cual yo con mi pasión aquí te encierro.
Inés: | ¡Oh, Dios...! ¿Qué escucho...? ¡Y aún osáis hablarme
| | de vuestro horrible amor que me estremezco
| | tan solo al recordar...! Vos, cuyos votos... 710
Froilán: | ¡Mis votos...! Bien lo sé... Duro, tremendo,
| | imposible deber fieros me imponen,
| | cambiando en crimen inocente afecto.
| | Mis votos no olvidé, ni necesito
| | me los recuerdes tú... Que al cielo ofendo   715
| | lo sé también, lo sé... Juzga tú ahora
| | cuán grande es mi pasión, pues lo consiento.
Inés: | ¡Cielos...! Me horrorizáis.
Froilán: | ....Óyeme... Un año
| | luché con este amor para vencerlo;
| | lucha penosa, sin igual, tremenda,   720
| | cual la lucha de Dios con el infierno.
| | Huí del mundo y mi fervor piadoso

---

61 Una nueva actuación del sino, del hado, que en este caso favorece a Froilán, ha conducido a Inés hasta el religioso del que venía huyendo.
62 *Ap.: [Florencio] puerta foro derecha.*

buscó de un claustro el sepulcral silencio.⁶²
Al pie del ara me postré rogando
y su mármol bañe con llanto acerbo.⁶³ 725
Mi cabeza cubrí con vil ceniza;
crüel cilicio⁶⁴ atormentó mi cuerpo;
mi mano armada de nudosas cuerdas
regó con sangre mis rasgados miembros.⁶⁵
Escasas hierbas mi alimento han sido, 730
y mi único descanso el duro suelo.
Pensé que Dios tan penitente vida
al fin premiara sofocando el fuego
de mi funesto amor...¡Vana esperanza!
¡Cuanta más penitencia, más deseos! 735
Doquier tu imagen me persigue: la hallo
en la celda, en el claustro, hasta en el templo;
y en la Virgen que miro sobre el ara,
si la llego a implorar, tu rostro encuentro.
Plegarias dirigir a Dios procuro, 740
y expresiones de amor solo profiero;
y si pienso en la gloria algún instante,
separado de ti no la comprendo.
Mira este cuerpo flaco, extenuado,
contempla este semblante macilento;⁶⁶ 745
son aún más que de ayunos y cilicios
estragos del amor que arde aquí dentro.

---

63 *Acervo*: cruel, riguroso, desapacible.
64 *Cilicio*: «Faja de cerdas o de cadenillas de hierro con puntas, ceñida al cuerpo junto a la carne, que para mortificación usan algunas personas» (*Diccionario de la Real Academia Española*). Obsérvese la obsesión de Froilán, que supera lo amoroso y le conduce a la blasfemia, tal y como señala el propio fraile en los versos que siguen.
65 Alude Froilán a las disciplinas que se aplica para mortificar su cuerpo y olvidar su pecaminosa inclinación hacia la muchacha.
66 La delgadez extrema, el agotamiento físico y el rostro descolorido proceden, en el caso de Froilán, de su ayuno y de los castigos corporales que se inflige, pero son también, en la tradición amatoria occidental, los indicios visibles del mal de amor.

	Pues tanto sacrificio Dios no acepta,
	a mi pasión de hoy más todo me entrego.
	Mía tienes que ser.[67]
Inés:	¡Vuestra!
Froilán:	O de nadie. 750
Inés:	Mentís... De otro soy ya.
Froilán:	¡De otro...! Pues eso,
	eso te pierde... Tu desdén, tus odios,
	todo sufrirlo resignado puedo,
	¡mas verte ajena...! No... Desventurada,
	responde: ¿sabes tú lo que son celos? 755
Inés:	¿Yo...? No sé más que amar... y odiar ahora.
Froilán:	Aborréceme, pues, yo lo consiento.
	En el odio también delicias hallo;
	en él también encontraré consuelos.
	Si no puedo gozarme en tus caricias, 760
	en tu llanto podré gozarme al menos.
Inés:	¡Monstruo!
Froilán:	¿Qué digo...? No me creas... Oye:
	todavía capaz soy de un esfuerzo.
	Rompe esos nudos que formar intentas,
	a ese rival renuncia que aborrezco, 765
	y yo tal vez sacrificando entonces...
Inés:	¿A qué exigir lo que cumplir no puedo?
Froilán:	¿Eso dices...? Pues bien: ámale, imbécil.
	No, ya no aspiro con ardientes ruegos
	tu afecto a conquistar; ni lo alcanzara, 770
	ni fuera menos tu desvío[68] siendo
	mayor mi humillación: tal vez consiga
	hoy del terror lo que de amor no espero.

---

67   La pasión de Froilán se presenta como inevitable. El fraile es víctima de una pulsión contra la que nada puede, que intenta combatir con esfuerzo físico y mental y a la que, finalmente, se rinde.

68   *Desvío*: desapego, frialdad, indiferencia.

| INÉS: | ¿Quién...? ¿Vos? Jamás. ¿Y osáis amenazarme?
| | Horror sí me inspiráis, pero no miedo. 775
| FROILÁN: | ¡Insensata...! ¡Ay de ti...! ¡Tú no conoces
| | cuánto en hombres cual yo puede el despecho![69]
| INÉS: | Sí lo conozco, sí... Basta miraros:
| | todos esos ojos me lo están diciendo.
| | Del infierno, sus furias y suplicios 780
| | es el retrato vuestro horrible aspecto.
| | Mas ¿qué me importa...? Vuestra furia insana
| | en vano me amenaza con tomentos:
| | que así más firme a mi Florencio adoro;
| | y a vos, bárbaro, a vos, más os detesto. 785

Escena 8[70]

Dichos. Florencio

Florencio *sale a la escena al principiar* Inés *los cuatro versos anteriores y se para escuchando.*

FLORENCIO: ¿Qué he escuchado...? ¡Oh, furor!
INÉS: ¡Florencio!
FLORENCIO: ¡Padre!   790
   (Con aire amenazador).
FROILÁN: ¿Qué me quieres, rapaz?
FLORENCIO: ¿Qué es lo que quiero?
   Esas palabras explicadme ahora
   que acabo de escuchar... Creer no puedo
   la atroz sospecha que...

---

69 Será la furia que produce en Froilán el saberse despreciado lo que provoque el conflicto dramático en torno al que se articula la obra.
70 *Ap.: primer aviso de telón.*

FROILÁN: Ella las dijo;
  a ella toca explicarlas.
INÉS: Ven, Florencio: 795
  huyamos de este sitio.
FLORENCIO: No, que todo,
  todo el horrible arcano[71] ya comprendo:
  si tus ojos, tu hablar no lo dijeran,
  lo dijera el horror que al verle siento.
  Este es el hombre vil que te persigue.   800
  La causa es este de tu llanto acerbo:
  en la triste Alcalá le conociste,
  y de allí nos le trajo el mismo averno.[72]
FROILÁN: Pues bien, yo soy... Sin máscara engañosa,
  sin disfraz ante ti mostrarme quiero: 805
  mira en mí tu rival, rival terrible.
  Yo adoro con furor, con él detesto.
FLORENCIO: Si mis manos mancharme no temiesen
  con esa sangre vil, hora mi acero...
  Mas el rey lo sabrá: mi labio al punto   810
  quién sois le va a decir.
FROILÁN: Díselo, necio.
  ¿Piensas te ha de creer...? Cuando a mis plantas
  cada día le miro, cuando tengo
  su conciencia en mis manos, ¿quién contrasta[73]
  mi omnímodo poder? Este secreto   815
  ve, pues, y le revela[74], lo permito
  mas solo para ti será funesto.
FLORENCIO: ¡Ah! ¡Que harto bien decís...! Supersticiosos,

---

71 *Arcano*: misterio, secreto de gran importancia.
72 No solo Florencio señala la procedencia infernal de Froilán, sino que ya él mismo se había reconocido como una criatura satánica en la escena anterior.
73 *Contrastar*: resistir, hacer frente.
74 La anteposición del pronombre imprime tono de época al discurso del personaje.

	así besan los hombres vuestros hierros:	
	almas de Lucifer tenéis, inicuos,	820
	y adorados cual ángeles os vemos.[75]	
	Huid de mi presencia, o bien...	
FROILÁN:	Me marcho;	
	pero conmigo la venganza llevo.	
	Amaos, infames; mas será por poco:	
	temblad..., pronto veréis lo que yo puedo.	825
	(Vase).	
INÉS:	¡Ay! ¡Sus palabras de pavor me llenan!	
FLORENCIO:	Ven a mis brazos, pues, y alienta en ellos.	
INÉS:	¡Florencio!	
FLORENCIO:	¡Inés!	
INÉS:	¿Me quieres?	
FLORENCIO:	Te idolatro.	
INÉS:	¡Ah! Si a tu lado estoy, nada recelo[76].	

---

[75] Obsérvese el empleo que Florencio hace del plural en estos versos: la crítica a la tiranía religiosa que Froilán ejerce sobre el rey, el enjuiciamiento negativo de la superstición y de la hipocresía se hace extensible al clero en su conjunto.

[76] *Ap.: segundo aviso de telón.*

Acto II[77]

El teatro representa la sacristía del convento de Atocha[78]. El fondo estará abierto por tres grandes puertas o arcos, por entre los cuales se ven los claustros y el patio. En el claustro se descubren los retratos de los reyes de España; y estos retratos llegan hasta dentro de la sacristía, en la cual estarán los de los reyes de la dinastía austríaca, viéndose junto al proscenio el de Carlos V[79]. A la derecha del espectador una mesa de nogal, como las que se usan en las iglesias, y un gran sillón de vaqueta[80].

Escena I

Al alzarse el telón se ve pasar por el claustro una procesión. En seguida de toda la comunidad van muchos GRANDES *y señores ricamente vestidos, y últimamente* EL REY *con los embajadores, el* CARDENAL *y toda la corte. Todos llevan hachas encendidas. Sigue un numeroso pueblo. Mientras pasa la procesión, se oye dentro una música, a cuyos acentos entonan los religiosos el siguiente himno.*

CORO: Oye benéfico,
            supremo Dios,

---

77 *Ap.: comparsas, coro y música empiezan y pasan ciriales, cruz, frailes, [tres personajes], caballeros, criados del rey, [ocho personajes], cuatro pajes, grandes. Doce hombres y las mujeres del pueblo, atraviesan de izquierda a derecha. [Froilán] derecha. Canto prevenido dentro.[Cinco personajes], izquierda.*

78 El convento dominico de Atocha se funda en el siglo XVI sobre el solar de la antigua ermita del mismo nombre. Adquiere dignidad de Basílica en 1863 a instancias de Isabel II, es decir, con posterioridad a la redacción del drama.

79 Recuerda esta disposición escénica la del acto III de *Hernani*, ambientado en la galería de retratos de la familia Silva.

80 *De vaqueta*: de cuero o piel curtida de vaca o buey.

de fieles súbditos
la tiste voz.
Si Saúl réprobo							5
por ti sanó,
de un rey católico
ten compasión[81].

Escena 2

Al poco de pasar la procesión sale por el foro Froilán *muy despacio, con los brazos cruzados y meditabundo.*

Froilán: No, nunca la obtendré yo...,
nunca... El cielo en sus rigores,		10
o el infierno en sus furores,
tanta dicha me negó[82].
Con ella me arrebató
virtud, placer y sosiego.
Destino injusto, hado ciego,			15
si el tierno amor me vedaste,
¿por qué en mi pecho encerraste
este corazón de fuego?
¡Sufrir yo...! ¡Ser feliz ella...!
¡Ser con ella otro dichoso...!			20
¡Oh, pensamiento horroroso!
Maldigo mi infausta estrella.
¡Ay, triste...! ¿Ni una centella

---

81 El *Primer libro de Samuel* explica que Saúl, primer rey de los israelitas, se distancia de Dios y pasa a ser atormentado por un espíritu malo enviado por el mismo Jehová. En la procesión que acompaña la ceremonia del exorcismo, se pide para el rey de España el mismo favor divino que salvó al de Israel

82 La obsesiva pulsión de Froilán destaca más aún en este contexto de exaltación religiosa, que a su vez sirve para subrayar su hipocresía. Mientras tiene lugar la ceremonia que él mismo ha propuesto para sanar al rey, todo su afán se concentra en una única pasión de doble cara: gozar de los favores de Inés o regodearse en su castigo.

     de alivio a tus males ves...?
     Una sí..., bárbara es...   25
     ¡La venganza...! Yo la anhelo:
     solo puedo hallar consuelo
     siendo infelices los tres.
     ¡La venganza...! ¿Y he de ser
     tan bárbaro, por ventura,   30
     que en tan tierna criatura
     mi saña habré de ejercer?
     Mas tal es hoy tu querer,
     oh, cielo..., si era menor
     lejos de ella mi dolor,   35
     cuando a volvérmela llegas[83].
     Pues a mi amor no la entregas,
     la entregas a mi furor.

(*Se oye otra vez a lo lejos la música y el coro*).

     ¡Oh! ¡Cuál mi pecho atormentan
     esos místicos cantares!   40
     Al oírlos, mis pesares,
     mis furores se acrecientan...
     Los votos que me violentan,
     este traje, esta clausura
     sepulcro de mi ventura,   45
     yo los odio... ¡Maldición!
     Lo que en otro es salvación,
     en mí el infierno asegura.

     (*Se sienta pensativo*).

---

83   *Ap.: orquesta, cantan dentro.*

Escena 3

Froilán. *El* inquisidor general. *El* prior de Atocha. *El* vicario *de las monjas del Rosario*

El inquisidor *y el* prior *se quedan al foro hablando.*

Inquis.:	¿Lo habéis entendido bien?	
Prior:	Sí, señor.	
Inquis.:	¿Estará todo	50
	dispuesto?	
Prior:	Nada hará falta.	
Inquis.:	Mucho aparato.	
Prior:	Asombroso.	
Inquis.:	La comunidad entera	
	ha de asistir.	
Prior:	Ni uno solo	
	faltará.	
Inquis.:	Muchos ciriales.	55
Prior:	Cual solemne mortuorio.	
Inquis.:	Va en ello la salvación	
	del Estado.	
Prior:	Lo supongo	
Inquis.:	Luego fray Mauro vendrá,	
	que es exorcista famoso.	60
Prior:	Como que de Austria le envía	
	el emperador Leopoldo[84].	
Inquis.:	Id, y aguardad el aviso.	
Prior:	Todo al punto lo dispongo.	
	(Vase).	

---

[84] Fray Mauro Tenda fue un capuchino del que da informes en la corte el embajador imperial Harrach y que, protegido por el padre Froilán, se encargará de los exorcismos del rey. De sus investigaciones sobre los maleficios que sufre el monarca deduce, entre otras, la responsabilidad de la reina Mariana. Esta insta a la Inquisición a emprender proceso contra él. Es acusado de superstición y se le condenado a abjurar y al destierro de España, lo que a su vez origina que Carlos II aparte a Froilán de su labor como confesor real.

Escena 4[85]

Froilán. *El* inquisidor. *El* vicario

Inquis.:	¡Padre Froilán!	
Froilán:	¡Ah, señor! *(Se levanta).*	65
Inquis.:	¿Solo aquí?	
Froilán:	Hace muy poco.	
Inquis. :	¿La función abandonáis?	
Froilán:	Me fue dejarla forzoso.	
	¡Tanta luz! ¡Tanto calor!	
Inquis.:	Hace ya días que noto	70
	que desazonado andáis.	
Froilán:	Algo.	
Inquis.:	Hay en vuestros ojos	
	cierta cosa...	
Froilán:	¿Qué decís?	
Inquis.:	Bueno y santo es ser devoto;	
	pero el exceso también	75
	suele dañar.	
Froilán:	Lo conozco.	
Inquis.:	Menos penitencias, pues;	
	que al fin no sois ningún monstruo.	
Froilán:	¡Pluguiera al cielo!	
Inquisidor:	¿Qué?	
Froilán:	Nada...,	
	dejemos... ¿Se acaba pronto	80
	la función esa?	
Inquis.:	Sí, luego.	
	Magnífica ha sido: como	

---

85 *Ap.: atraviesan de izquierda a derecha doce hombres y la mujeres del pueblo y comparsas.*

	que el rey todo el tiempo ha estado	
	sin pestañear... ¡Qué asombro!	
	En un señor tan enfermo,	85
	¡tal resistir...! Mil encomios	
	merece su devoción,	
	y a todos nos deja absortos.	
Vicario:	Dios le da fuerzas, sin duda.	
Inquis.:	Por supuesto... De otro modo...	90
	¡Y que en un cuerpo tan santo	
	esté metido el demonio!	
Vicario:	¡Lástima grande en verdad!	
Inquis.:	De ello estaba tan remoto...	
Froilán:	Las pruebas son terminantes.	95
Vicario:	Por la causa es ya notorio	
	el maleficio del rey:	
	hay declaración de teólogos;	
	y dudar fuera herejía.	
Inquis.:	¿Dudarlo...? Ni por asomo.	100
	A vos tamaño servicio *(al* vicario*)*	
	debe España, padre Antonio	
Vicario:	Señor...	
Inquis.:	Seguid... No dudéis	
	que el premio...	
Vicario:	Nada ambiciono.	
Froilán:	Aún por hacer falta mucho.	105
Vicario:	Sí..., ya lo sé.	
Froilán:	Sobre todo *(con intención)*	
	averiguar el autor	
	del maleficio.	
Vicario:	Yo pongo	
	los medios; mas al conjuro	

	aún se resiste el demonio.	110
Inquis.:	Pues, amigo, compelerle[86];	
	y que ande listo el hisopo[87].	
Vicario:	Tiempo vendrá... Mas ahora	
	al más urgente socorro	
	es lo que importa acudir,	115
	y eso que sea muy pronto.	
	Mirad que si dilatáis	
	los remedios que propongo,	
	atáis las manos a Dios...[88]	
	y ya de nada respondo.	120
Inquis.:	Por eso, así que se acabe	
	esta función, es forzoso	
	que aquí se exorcice al rey.	
Froilán:	Vuestro parecer adopto.	

(Pasan por el claustro gentes que se retiran de la iglesia).

Inquis.:	Pero ya sale la gente;	125
	y el rey, si no me equivoco,	
	viene allí... Padre Froilán,	
	id, y mientras le dispongo	
	al exorcismo, en la iglesia	
	mandad que todo esté pronto.	130
Froilán:	Está bien.	

(Al tiempo de marcharse pasa por junto al vicario *y le dice en voz baja y con misterio).*

	Padre vicario...
Vicario:	Señor...
Froilán:	Con vos de un negocio
	tengo que tratar.

---

86 *Compeler*: obligar a alguien a hacer lo que no quiere utilizando la fuerza o la autoridad.
87 *Hisopo*: objeto de madera o metal con el que se esparce el agua bendita, en este caso para ahuyentar al demonio.
88 *Ap.: atraviesan.*

Vicario:	Soy vuestro.	
Froilán:	Luego, cuando estemos solos.	

(Vase).

Escena 5

El rey. *El* inquisidor. *El* vicario. Harcourt. Portocarrero. *El* prior *y sequito*

Rey:	Entremos aquí, señores,	135
	descansaremos un poco.	
Harc.:	La función ha sido larga.	
Rey:	No tal..., dos horas en todo.	
Harc.:	Tres cabales[89].	
Rey:	No pensé...	
	Siempre me parecen cortos	140
	estos santos ejercicios.	
Prior:	Eso, señor, es muy propio,	
	de vuestra piedad.	
Rey:	Merece,	
	padre prior, mil elogios	
	de esta solemne función	145
	el aparato grandioso.	
Prior:	Los religiosos de Atocha	
	que del privilegio honroso	
	gozan de adornar su templo	
	con los triunfales despojos	150
	que gana España en las lides,	

---

89 *Cabal*: completo

| | y siempre miran en torno
de nuestros ínclitos[90] reyes
los retratos, cuando votos
dirigen por sus monarcas
al cielo, nada costoso
encuentran[91]. | 155 |
| Rey: | Ni a mí me duele
tampoco abrir mis tesoros,
para enriquecer, cual debo,
estos asilos piadosos.
En Sevilla extensas tierras
posee mi patrimonio:
ya son vuestras | 160 |
| Prior: | ¡Ah! ¡Señor...! | |
| Rey: | En recompensa os impongo
la obligación de mil misas
para mi eterno reposo.
¡Hola, padre inquisidor!
Dichosos al fin los ojos
que os ven: muy graves asuntos
os han de ocupar, supongo,
cuando en la corte no os veo. | 165

170 |
| Inquis.: | Y tan graves, que es forzoso
que de ellos hable con vos. | |
| Rey: | Decís eso con un tono... | |
| Inquis.: | Vuestra salvación tal vez
depende de este coloquio. | 175 |
| Rey: | ¡Mi salvación! | |
| Inquis.: | Sí, señor. | |

---

90 *Ínclito*: ilustre, afamado.
91 La relación del convento de Atocha con la monarquía ha sido, tradicionalmente, muy estrecha. Los Habsburgo primero y, posteriormente, la casa de Borbón favorecieron al templo y se mostraron devotos de la virgen homónima, precisamente declarada patrona de la corte por Carlos II. El privilegio al que se refiere el prior se relaciona con un gesto de Felipe II, quien ofreció al santuario las banderas de los turcos vencidos en Lepanto.

Rey: Permitid quedemos solos.
           Despejad.
           (A los GRANDES *y comitiva).*

Prior: Señor, sentaos.
Rey: Bien.
           (Se sienta en un sillón).

Prior: ¿Queréis algo?
Rey: Algo flojo   180
           me siento.
Prior: Tomad un trago
           de jerez y unos bizcochos.
Rey: No; mejor me sentará
           el chocolate[92].
Prior: ¿Con bollos?
Rey: De los de Jesús.
Prior: Se entiende;   185
           que aquí no gastamos otros.

Escena 6

El rey. *El* inquisidor. *El* vicario

Rey: Hablad, pues, inquisidor:
           ya os escucho... Mas ¿no os vais *(al* vicario*)*,
           padre cura...? ¿A qué aguardáis?
Inquis.:   Debe quedarse, señor.   190
Rey: ¿Importa aquí su presencia?

---

92   La ingenuidad del rey al solicitar un chocolate con bollos para reconfortarse tras la ceremonia contrasta con la trascendencia del tema político y con las tensiones morales subyacentes. Todo ello contribuye a dibujar la fragilidad del monarca y a agrandar, en consecuencia, la silueta inquietante de quienes dominan su voluntad desde el temor religioso.

Inquis.:	Importa.
Rey:	Pues que se quede.
Inquis.:	Es varón que mucho puede
con su milagrosa ciencia[93].
Rey:	¿Qué ciencia?
Inquis.:	Os asombraréis.
Rey:	¿Cuál?
Inquis.:	Habla con el demonio.
Rey:	Con el... ¡Jesús! ¡San Antonio
me valga! *(Se persigna)*.
Inquis.:	No os asustéis
Rey:	¿Tenéis de ello buenos datos?
Inquis.:	Yo mismo le suelo oír.
Rey:	¿Sí?
Vicario:	¿Quién no se ha de reír *(aparte)*
de este par de mentecatos?
Rey:	¿No es caso de Inquisición?
Inquis.:	La Inquisición lo permite
Rey:	¡Ah...! ¡Ya!
Vicario:	Dadme a besar...

(Arrodillándose para besar la mano).

Rey:	Quite,
aparte.
Inquisidor:	¿Por qué razón?
Rey:	¡No es nada...! ¡Un hombre que tiene
pacto con el diablo!
Vicario:	¿Yo?
Inquis.:	¿Él, con el diablo?

195

200

205

---

93 M. Lafuente (*Historia General de España*. Madrid: Mellado, 1850-1867) explica que Fray Antonio Álvarez de Argüelles, vicario del convento de Dominicas Recoletas de Cangas de Tineo (Asturias), tenía fama de sabio exorcista y que en el momento en que ocurren los hechos dramatizados estaba tratando a tres monjas endemoniadas de su comunidad. Por boca de una de ellas el demonio habría dicho que el rey había sido hechizado a los catorce años para destruir su salud e impedir que tuviese descendencia.

Rey:	¡Pues no!	
Inquis.:	Señor, si a sanaros viene[94].	210
Rey:	¿A sanarme?	
Inquis.:	Esa dolencia que nadie alcanza a curar ¿no os da ya que sospechar?	
Rey:	Dicen que tiene apariencia de...	
Inquis.:	Y algo más	
Rey:	¿Conque al fin...? ¿Es cierto...? ¡Ay, Dios...! ¡Qué dolor!	215
Vicario:	Fallece.	
Inquis.:	Señor... Señor...	
Vicario:	Para un rey qué alma tan ruin *(aparte)*.	
Rey:	No gritéis..., es un vahído..., ya serenándome voy... Decid... ¿Es verdad que estoy de los malos poseído?	220
Inquis.:	¿No os lo ha dicho por ventura vuestro confesor?	
Rey:	Sí tal; mas creer tan fiero mal es en verdad cosa dura.	225
Inquis.:	Y ¿no le mandasteis vos consultar al Santo Oficio? Pues bien, se ha hallado un indicio que...	
Rey:	Decídmelo, por Dios.	230

(Se levanta y se coloca entre los dos).

---

94   *Ap.: [ujier]con chocolate, bollo y vaso de agua, puerta izquierda.*

Inquis.:	El medio ha sido, en verdad, sorprendente, sobrehumano; mas do no alcanza lo humano entra la divinidad.	
Rey:	Ya se ve... Yo a Dios no quito el poder de hacer portentos.	235
Vicario:	Cuando hechos los tiene a cientos, ¿por vos no hará uno chiquito?	
Rey:	¿Por mí, pecador?	
Vicario:	Sois rey: con quien es de regia casta otras atenciones gasta que con la plebeya grey[95].	240
Rey:	Eso ya huele a lisonja...[96] Decid el milagro, pues. ¿Lo habéis hecho vos?	
Vicario:	No; que es quien suele hacerlo una monja.	245
Rey:	¿Qué decís, santo varón?	
Vicario:	De unas monjas soy vicario que a la Virgen del Rosario tienen suma devoción. ¡Unas bienaventuradas!	250
Rey:	Pero, ¿qué tienen que ver las madres con Lucifer?	
Vicario:	Es que están maleficiadas[97].	
Rey:	¿De veras?	
Inquis.:	Eso es notorio.	255
Rey:	Pero ¿todas?	
Vicario:	Todas no.	

---

95 *Grey*: «conjunto de individuos que tienen algún carácter común» (*Diccionario Real Academia Española*), en este caso su carácter plebeyo.
96 *Ap.: [cinco actores] con hachas encendidas, bandejas y hábito, foro izquierda.*
97 *Maleficiadas*: hechizadas

| | Tres... y aun así paso yo
| | las penas del purgatorio.
| Rey: | ¿Por qué?
| Vicario: | Para conjurarlas.
| | ¡Si fuera de sí las pone   260
| | Lucifer, Dios me perdone!
| Rey: | ¿No habéis podido sanarlas?
| Vicario: | Imposible.
| Rey: | ¡Jesús mío!
| | ¿Luego en mi mal no hay enmienda?
| Vicario: | Sí.
| Rey: | Buscad quien os entienda: 265
| | ya de oíros desvarío.
| Vicario: | Del cuerpo de un hombre, sí,
| | se puede al diablo expeler;
| | mas si es cuerpo de mujer,
| | no hay quien le arranque de allí.   270
| Rey: | Es cosa extraña, por cierto.
| | Y ¿habla con vos el diablo?
| Vicario: | Sí, señor..., como yo os hablo?
| Inquis.: | Con mi permiso, os advierto.
| Rey: | ¿Cuando vais a preguntarle   275
| | los secretos os revela?
| Vicario: | No, que también se rebela,
| | y a la fuerza hay que obligarle.
| Rey: | ¿Cómo le obligáis?
| Vicario: | Haciendo
| | en su presencia la cruz;   280
| | y a veces también la luz
| | de santas velas enciendo.

                    Con el hisopo sin duelo
                    le cubro de agua bendita.
                    Él allá dentro se irrita   285
                    y pone el grito en el cielo.
                    La monja da compasión,
                    y hace visajes⁹⁸ horribles;
                    mas a mis voces temibles
                    cede del diablo el tesón.   290
                    Entonces sin resistencia
                    se deja al ara llevar,
                    y allí le obligo a jurar
                    que ha de prestarme obediencia.
REY: Y ¿por quién jura el protervo⁹⁹?   295
VICARIO: Jura por Dios trino y uno.
REY: Cristiano está.
VICARIO: Cual ninguno:
                    tal es su dolor de acerbo¹⁰⁰.
REY: En fin, ¿qué os dice de mí?
VICARIO: Jura a Dios que estáis infesto¹⁰¹.   300
REY: Mas este hechizo funesto,
                    ¿cómo, cuándo lo adquirí?
VICARIO: Os lo dieron en bebida.
REY: ¿Qué bebida?
VICARIO: Chocolate.
REY: No digáis tal disparate.   305
VICARIO: Él lo jura por su vida.
REY: Con estas cosas me ofusco.
                    ¡Chocolate!
VICARIO: Sí, en verdad.

---

98   *Visaje*: movimiento anormal del rostro
99   *Protervo*: perverso, obstinado en la maldad.
100 Obsérvese la ironía de este diálogo: el maligno se somete al vicario y termina jurando por Dios mismo; en las próximas escenas descubriremos la auténtica naturaleza del vicario.
101 *Infesto*: invadido, en este caso por el demonio.

REY: ¡Que encierre tanta maldad
 un poco de soconusco[102]! 310

(Sale un LEGO *con una bandeja, una marcelina[103] de plata, chocolate y bollos).*

LEGO: Señor...
REY: ¿Qué?
LEGO: Si sois servido...
REY: ¿Qué es lo que traéis ahí?
LEGO: Chocolate.
REY: ¿Para mí? *(Retrocediendo).*
LEGO: Sí, señor: lo habéis pedido.
REY: No lo quiero ya.
INQUIS.: Tomadlo. 315
REY: ¿El qué...? ¿Ese negro brebaje...?
 De verlo me da coraje.
INQUIS.: ¡Y hecho aquí!
REY: Es verdad..., dejadlo.

(El LEGO *deja el chocolate sobre la mesa y vase).*

INQUIS.: Sin escrúpulos podéis
 tomarlo, que es de regalo. 320
REY: Con todo, no será malo
 que la bendición le echéis.

(El INQUISIDOR *bendice el chocolate.* EL REY *se sienta y después de tomar una sopa dice).*

 ¡Con chocolate...! Por cierto
 que es particular hechizo...
 Mas, señor, ¿con qué se hizo? 325
 ¿Qué habría en él?

---

102 *Soconusco*: chocolate. El nombre procede de la homónima región de México. Como el propio Gil y Zárate afirmó, buena parte de esta escena 6 (incluida la referencia al chocolate) procede de las declaraciones de Florencio Díaz en el proceso a que fue sometido por la Inquisición, impresas en Madrid en 1787.

103 El Marqués de Mancera inventó en 1640 un plato con una abrazadera circular en su centro en la que se coloca la jícara o pocillo para el chocolate. La palabra *mancerina* derivó popularmente hacia *marcelina*.

| Vicario: | Cuerpo muerto. |
| Rey: | ¡Cuerpo muerto...! ¡Ave María! ¿Eso dice Satanás? |

(Repele el chocolate y se levanta horrorizado).

Inquis.:	¡Qué...! ¿Dejáis?	
Rey:	No quiero más.	
	Y ¡de un ahorcado sería!	330
	Que esos malos hechiceros buscan siempre ajusticiados.	
Vicario:	Ya sus miembros entregados estaban a buitres fieros.	
Rey:	¿No lo dije...? ¡Compasión!	335
Vicario:	Con los sesos el malsín hizo el mixto[104].	
Rey:	¿Y a qué fin?	
Vicario:	Perturbar vuestra razón.	
Rey:	Y ¿al hechicero no cita?	
Vicario:	Solo dice fue mujer.	340
Rey:	Por fuerza había de ser alguna vieja maldita. ¿No veis, padre, qué dolor? *(Al* inquisidor). ¿Qué haremos?	
Inquis.:	Poner remedio.	
Rey:	Pero, ¿cuál?	
Vicario:	Luzbel da el medio.	345
Rey:	¡Cómo...! ¡Luzbel...!	
Vicario:	Sí, señor; que aunque es por natura insano, a dar remedios se aviene.	

---

104 Se refiere al brebaje con que habría sido hechizado el rey, compuesto por sesos de ahorcado mezclados con el chocolate.

	Y él también a veces tiene	
	partidas de buen cristiano.	350
Rey:	¡Ya respiro...! Pero ¿quién	
	de él esperara consuelo?	
Inquis.:	Para castigarle, el cielo	
	le compele[105] a hacer el bien.	
Rey:	En fin, ¿qué haremos en esto?	355
Vicario:	En ayunas un vasito	
	tomad de aceite bendito;	
	pero no comáis tan presto.	
Rey:	Yo comer poco deseo,	
	y por eso estoy tan magro.	360
Vicario:	¡Si que viváis es milagro!	
	¿Paseáis?	
Rey:	Nunca paseo.	
Vicario:	Pues hacedlo con frecuencia.	
	Tomad los récipes[106] mismos	
	que mandan los exorcismos,	365
	si hubiere en vos suficiencia[107].	
	¿La tenéis?	
Inquis.:	Preceptos vanos:	
	fuerza bastante no tiene.	
Vicario:	Pues entonces no conviene:	
	no se quede entre las manos.	370
Inquis.:	Mejor será del conjuro	
	el aparato grandioso;	
	que es de efecto y religioso[108].	

---

105 *Compeler*: obligar a alguien a hacer lo que no quiere.
106 *Récipe*: receta médica.
107 El vicario propone al rey tomar lo que prescriben los escritos sobre exorcismo en esos casos, siempre y cuando tenga la fortaleza necesaria para hacerlo.
108 A causa de la debilidad física del monarca, el vicario y el inquisidor deciden sustituir la ingesta de las sustancias prescritas para resolver los casos de hechizo por una ceremonia de exorcismo, espectacular y de gran aparato.

Rey:	Bien está... si con él curo...	
	Mas ¿cuándo y cómo será?	375
Inquis.:	Aquí será el mejor modo.	
	Dispuesto lo tengo todo,	
	y ahora mismo se hará.	
Rey:	¿Ahora?	
Inquis.:	¿Tenéis reparo?	
Rey:	No... pero...	
Inquis.:	Dispuesto estáis.	380
	De comulgar acabáis,	
	ni yo de vos me separo.	
Rey:	¿Me trataréis con piedad?	
Inquis.:	Cesaremos si os molesta.	
	La iglesia está dispuesta,	385
	Padre vicario, avisad. *(Vase el* vicario).	

Escena 7

El rey. *El* inquisidor

Rey:	Y ¿hará también el conjuro	
	este padre, por supuesto?	
Inquis.:	No, señor; que para vos	
	mejor exorcista tengo.	390
Rey:	¿Quién es, pues?	
Inquis.:	Fray Mauro Tenda;	
	de capuchinos un lego	
	que en Alemania ha adquirido	

	gran reputación, haciendo	
	muchas curas milagrosas,	395
	y viene aquí de ex profeso[109]	
	para sanaros a vos.	
Rey:	¡En Alemania...! Lo creo;	
	que hay allí muchos herejes.	
	En sus manos me encomiendo[110].	400

Escena 8

El rey. *El* inquisidor. Froilán. *El* prior. Fray Mauro. Religiosos

Los religiosos *salen todos con hachas encendidas, cantando el* De profundis[111] *y se colocan en dos filas.* Fray Mauro, *acompañado de dos* sacristanes *con el caldero del agua bendita y el hisopo, se acerca al* rey *llevando una gran cruz en la mano.*

Inquis.:	Señor... si gustáis...	
Rey:	¿Es este el fray Mauro Tenda?	
Inquis.:	El mesmo[112].	
Rey:	Advertidle que estoy débil, y que se vaya con tiento.	
Inquis.:	Ya lo está.	
Rey:	Padre Froilán, ¿qué es lo que decís de esto?	405
Froilán:	Que vuestra salud, vuestra alma, necesitan tal remedio.	
Rey:	Siendo así, conformidad. Vamos, pues lo manda el cielo.	410

---

109 La locución *ex profeso* no admite la preposición de, que aquí sí se emplea.
110 *Ap.: salen.*
111 *De Profundis*: salmo penitencial
112 *Mesmo*: forma antigua de *mismo*.

INQUIS.:	Esperad, que no podéis
	marchar con tales arreos[113].
REY:	¿Cómo?
INQUIS.:	La pompa mundana
	es fuerza dejar primero:
	el penitente, no el rey 415
	en vos contemplar debemos.
REY:	¿Qué haré, pues?
INQUIS.:	Esas insignias
	quitaos, señor, del pecho.
REY:	Sea.

(Se quita el collar del Toisón[114], la espada, la daga, se pone la capa de un hábito que le presentan y hace todo lo demás que indica el diálogo.)

INQUIS.:	La espada.
REY:	Tomadla.
INQUIS.:	Colgad de los hombros vuestros 420
	este hábito.
REY:	Bien está.
	¿Qué más?
INQUIS.:	Traed un rosario.
REY:	El mío conmigo llevo.
INQUIS.:	Llevad en la mano un cirio.
REY:	Venga, pues.
INQUIS.:	Ahora, marchemos. 425

(Vanse todos cantando de nuevo el De Profundis. FROILÁN *se queda; y al tiempo de pasar por la puerta el* VICARIO, *que va detrás de todos, se acerca a él y le llama tocándole en el hombro).*

---

113 *Arreos*: adornos, vestuario, atavío.
114 *Collar del Toisón*: insignia de la Orden del Toisón de Oro, fundada por la casa de Borgoña a mediados del siglo XV y vinculada a la Casa del Austria tras el matrimonio de María de Borgoña con el emperador Maximiliano I, abuelos de Carlos I de España y V de Alemania.

Escena 9

Froilán. *El* vicario

Froilán:	Padre vicario, palabra.	
Vicario:	Vuestro soy, padre Froilán.	
Froilán:	A solas tengo que hablarle.	
Vicario:	Hable su paternidad;	
	mas suplico sea breve,	430
	porque esperándome están.	
Froilán:	No hacéis falta: el capuchino	
	basta para exorcizar[115].	
Vicario:	Con todo, si cometiere	
	algún descuido fatal...	435
Froilán:	Miradme bien, padre cura.	
Vicario:	Ya os miro.	
Froilán:	Pero formal.	
Vicario:	El caso no es para risa.	
Froilán:	¿Sabéis lo que digo?	
Vicario:	Hablad.	
Froilán:	Que hay misterio en este hechizo	440
	he llegado a sospechar.	
Vicario:	Yo no pongo nada mío,	
	quien lo dice es Satanás:	
	si en ello hubiere mentira	
	mía no, suya será.	445
Froilán:	¿A mí me venís con esas?[116]	
	Padre vicario, dejad,	
	dejad pacífico al diablo,	
	que bien se está por allá.	

---

115 En la edición de 1837 se consigna la forma *exorcisar*.
116 *Ap.: [Portocarrero] y [Harcourt] con pliego foro derecha.*

VICARIO:	Maleficios reconoce	450
	la Iglesia: ¿vos los negáis?	
FROILÁN:	Si los niego o no los niego,	
	no es la cuestión.	
VICARIO:	¿Cuál será?	
FROILÁN:	Acercaos; que estas cosas	
	bajito se han de tratar.	455
	Decid: ¿qué pena merece	
	quien es embustero asaz[117]	
	para suponer conjuros	
	y a todo un rey engañar,	
	haciendo atrevido escarnio	460
	del más santo tribunal	
	y promoviendo esa farsa	
	que hora[118] profana el altar?	
VICARIO:	Y decidme: ¿cuál merece	
	el confesor desleal	465
	que sabiendo tal secreto	
	lo calla astuto y sagaz,	
	deja que corra el engaño	
	y, en vez de cortar el mal,	
	acaso de la impostura[119]	470
	es el autor principal?	
FROILÁN:	Si yo al primero descubro,	
	luego ahorcado le verán.	
VICARIO:	Y si yo descubro al otro,	
	mal a fe lo pasará[120].	475
FROILÁN:	Solo entre los dos advierto	
	una diferencia.	
VICARIO:	¿Cuál?	

---

117 *Asaz*: muy, mucho.
118 *Hora*: ahora.
119 *Impostura*: fingimiento, engaño malicioso.
120 Obsérvense las amenazas entre los personajes, que ponen de manifiesto el juego de poder que se establece en la corte de espaldas y a expensas del poder real.

Froilán:	Que es el uno poderoso,	
	y el otro tan bajo está	
	que cual gusano mezquino	480
	sus plantas le aplastarán.	
Vicario:	O cual víbora tal vez	
	muerda a quien le ose pisar[121].	
Froilán	Altivo está el insectillo,	
	mas su orgullo bajará	485
	cuando sepa que ha ya tiempo	
	conozco al perillán.	
Vicario:	¿Qué decís?	
Froilán:	Que es linda pieza	
	el buen señor Pedro Sanz.	
Vicario:	¿Mi nombre sabéis...?	
Froilán:	¡Pues no!	490
	Lo del Antonio es disfraz;	
	y si gustáis, vuestra vida	
	os diré de pe a pa.	
Vicario:	No... ¿Para qué?	
Froilán:	Un solo rasgo	
	bastará para señal.	495
	Esa corona postiza	
	que encubre tanta maldad,	
	ningún obispo os la hizo,	
	sino el barbero y no más:	
	con diarios sacrilegios	500
	a Dios insultando estáis.	
	Y ya encendida os aguarda	
	la hoguera inquisitorial.	
Vicario:	¡Ah...! Compasión.	

---

121 *Ap.:[Carlos] voces dentro foro. Orquesta. A poco atraviesan con velas seis frailes, [actor] con luces y [prior] foro izquierda. Después [Carlos] y nueve frailes foro izquierda.*

(Se arroja a sus pies).

Froilán:	¿Cómo es eso?	
	¿El áspid no muerde ya?	505
Vicario:	Fue necia jactancia[122].	
Froilán:	Así	
	os quiero yo... Pero alzad.	
Vicario:	¡Ah! Prometedme primero...	
Froilán:	Alzad..., que no os quiero mal.	
	Decid... Con estos conjuros	510
	¿qué recompensa buscáis?	
Vicario:	Yo..., padre...	
Froilán:	Hablad con franqueza.	
	¿Querréis por dicha obispar?[123]	
Vicario:	Bueno fuera..., pero tanto...	
	Aún no me juzgo capaz...	515
	Mi ambición se limitaba	
	a canónigo no más.	
Froilán:	Pues sereislo.	
Vicario:	¿Qué decís?	
Froilán:	Que lo seréis.	
Vicario	¿Os burláis?	
Froilán:	¿Tengo cara de burlón?	520
Vicario:	No la tenéis en verdad.	
Froilán	Oíd... La hoguera os ofrezco,	
	o una canonjía[124]... Optad.	
Vicario:	No es dudosa la elección:	
	venga lo segundo acá.	525
Froilán:	Sí... mas es un buen bocado;	
	y se le debe antes ganar.	
Vicario:	Por de contado... y ya espero...	

---

122 *Jactancia*: arrogancia, orgullo excesivo.
123 *Obispar*: obtener un obispado, en este caso como pago de Froilán por su lealtad en el embuste del hechizo.
124 *Canonjía*: privilegio que consiste en pertenecer al cabildo de la catedral. También se le da este nombre a un empleo provechoso pero de poco trabajo.

Froilán: ¿Me pondréis dificultad?
Vicario: ¿Yo...? Ninguna.
Froilán: No sabéis...   530
Vicario: Sé que bueno no será.
Froilán: ¿De qué lo inferís?
Vicario: La oferta
lo dice con claridad.
Froilán: Ya veo que...
Vicario: Uno y otro
nos comprendemos.
Froilán: Cabal[125].   535
Del maleficio del rey
oculto el autor está.
Vicario: Yo lo creo.
Froilán: Nunca a nadie
llegasteis a señalar.
Vicario: Difícil era.
Froilán: Pues yo   540
ahorrar os quiero ese afán.
Vicario: ¿Cómo?
Froilán: Diciéndoos el nombre
del hechicero.
Vicario: ¿El real?
Froilán: Que lo sea o no lo sea,
eso solo ha de sonar[126].   545
Vicario: Ya entiendo.
Froilán: Cuando volviereis
vuestra monja a conjurar,
del hechizo a una persona
acusara Satanás.

---

125   *Cabal*: perfectamente.
126   Obsérvese qué poco importa que la acusada sea culpable o no. Lo que persigue Froilán es hacer circular la certeza de que el propio diablo ha declarado ser Inés la causante del hechizo.

Vicario:	Está muy bien... Mas al caso:	550
	¿cuál es el nombre?	
Froilán:	Mirad.	

(Saca un papel).

	Para que no se os olvide	
	en este papel está.	
Vicario:	Bien.	
Froilán:	El nombre, el apellido,	
	la casa... ¿Falta algo más?	555
Vicario:	Si se quiere formar causa	
	es preciso original.	
Froilán:	¿Cuerpo del delito?	
Vicario:	Pues	
	es el nombre que le dan.	
Froilán:	Eso ya lo tengo andado.	560
	De su puerta en el umbral	
	lo hallarán haciendo un hoyo[127].	
Vicario:	Bien pensado.	
Froilán:	Y además	
	otros signos y figuras	
	en palacio encontrarán	565
	debajo de la escalera,	
	cerca del Santo Tomás.	
Vicario:	Con eso basta; y con menos	
	se quemara al Preste Juan[128].	
Froilán:	¿Cuento con vos?	
Vicario:	De seguro.	570

---

[127] Para poder detener a Inés por bruja se necesita encontrar evidencias físicas de sus artes. Advertido Froilán por el vicario de tal requisito, el primero responde que ya lo ha previsto y que pueden encontrarse las pruebas donde él las ha mandado colocar: enterradas ante la puerta de la casa de la muchacha.

[128] *Preste Juan*: legendario monarca cristiano cuyo reino contendría maravillas inimaginables. Alude el vicario a la simpleza de las pruebas que sirven para condenar a muerte a cualquiera, incluso a un personaje de ficción.

FROILÁN:	Mi oferta no hay que olvidar.
	La canonjía o la hoguera.
VICARIO:	No, no se me olvidará.

ESCENA 10[129]

Dichos. PORTOCARRERO. HARCOURT

Salen presurosos PORTOCARRERO *y* HARCOURT.

PORTOC.:	Padre confesor, ¿y el rey?	
FROILÁN:	¿No le habéis visto en la iglesia?	575
PORTOC.:	No, de palacio venimos.	
	Traemos felices nuevas.	
FROILÁN:	¿Cuáles?	
PORTOC.:	De Roma ha llegado	
	ahora el duque de Uceda[130]	
	con la respuesta del Papa.	580
	Ved aquí su carta: en ella	
	su santidad los derechos	
	del rey de Francia a la herencia	
	de estos reinos reconoce:	
	ya de hoy más las dudas cesan	585
	ante este divino fallo	
	que irresistible los sella	
	con su aprobación... Venid:	
	la escrupulosa conciencia	
	del vacilante monarca	590
	esta autoridad suprema	
	fijará, y a los Borbones	

---

129 *Ap.: oscuro.*
130 Juan Francisco Pacheco, Duque de Uceda, fue embajador de España en Roma y defensor ante la Santa Sede de la candidatura francesa. Ya muerto Carlos II, sin embargo, decide apoyar al archiduque austríaco.

	por fin la victoria queda.	
Froilán:	Esperad... El rey ahora	
	no puede daros audiencia.	595
Portoc.:	¿Por qué?	
Froilán:	Porque está ocupado	
	en ceremonias tremendas.	
Portoc.:	¿Qué ceremonias?	
Froilán:	Conjuros	
	que los demonios expelan	
	de su cuerpo.	
Harc.:	¿Qué decís?	600
Froilán:	El capuchino fray Tenda,	
	entre lúgubre aparato,	
	de su misteriosa ciencia,	
	para librar de los malos	
	al débil monarca, emplea	605
	todos los recursos.	
Harc.:	¡Cielos!	
	Y ¡que en España se crean	
	tales absurdos!	
Portoc.:	Harcourt,	
	ciertas o no, las creencias	
	de un pueblo han de respetarse[131].	610
Froilán:	Y a nuestra causa interesan	
	estos medios que de Carlos	
	la imaginación afectan.	
	Por ellos...	

(Se oye dentro rumor y la voz del rey *que grita: «¡Dejadme!» Por el claustro pasan varios* frailes *huyendo. Habrá empezado a anochecer).*

               Pero ¿qué es esto?

---

131 *Ap.: rumor dentro.*

¿Qué sucederá en la iglesia? 615
¡Que voces...! Los religiosos
como espantados se alejan...
Aquí se acerca el prior...
¿Qué agitación, padre, es esa?

Escena 11[132]

Dichos. El PRIOR

PRIOR: No bien empezó el conjuro, 620
cuando el hechizado, sea
que los demonios en él
batallasen con más fuerza,
sea que el triste aparato
su imaginación hiriera 625
con insólito terror,
una tenaz resistencia
a la ceremonia opone;
nos repele, forcejea,
y corriendo a todos lados... 630
Pero vedle..., aquí se acerca[133].

Escena 12

Dichos. EL REY. RELIGIOSOS

Sale EL REY *despavorido y huyendo. Le siguen los* FRAILES *con hachas encendidas. Durante esta escena acabará de oscurecer y un* SACRISTÁN *coloca dos candeleros encima de la mesa, encendiendo sus bujías.*

---

132 *Ap.: oscuro.*
133 *Ap.: salen.*

Rey:	No me persigáis..., dejadme.
Harc.:	¡Oh superstición!
Portoc.:	¡Cual llega!
Rey:	Dejadme, malos espíritus.
Portoc.:	Señor...

(Portocarrero, Harcourt *y el* prior *se acercan al* rey *para sostenerle*).

Rey: ¿Quién es...? ¿Quién se acerca...? 635
¿Eres tú, fraile maldito...?
Aparta... Aparta...
Portoc.:   ¡Oh funesta
ceremonia!
Rey: Tantas luces...,
tantas llamas... que me queman,
que me abrasan... Socorredme. 640
Portoc.: ¡Ah...! Venid...

(*Agarran al* rey *y le llevan hacia el sillón, en el que le obliga a sentarse*).

Rey.   ¿Dónde me llevan?
Perdón, mi Dios..., si pequé,
mitigad vuestra sentencia[134].
Harc.: ¡Ah...! Le acometió un desmayo.
Portoc.: No..., no..., postrado se queda..., 645
mas no perdió los sentidos.
Prior: Darle auxilios será fuerza.
Portoc.: Solo ha menester descanso...
Dejadle..., ya se sosiega...
Marchaos, padre, por Dios: 650
tanta gente le molesta.
Nosotros aquí nos quedamos;

---

134 *Ap.: sacristán con luces.*

	y hasta que marcharse pueda	
	de él cuidaremos[135].	
Prior:	Muy bien...	
	Mas para cuanto se ofrezca,	655
	avisad.	
Portoc.:	Sí... Suba al coro	
	la comunidad entera;	
	y allí, en ferviente oración,	
	que su salud restablezca	
	pedid a Dios.	
Prior:	Luego vamos:	660
	y en santos himnos que muevan,	
	nuestras preces[136] subirán	
	a las celestes esferas.	

(*Vanse el* PRIOR *y los* FRAILES).

Escena 13

El rey. Froilán. Portocarrero. Harcourt

El teatro habrá quedado a oscuras, sin más luces que las dos bujías de la mesa. El rey, *sentado en el sillón, permanece abatido.* Froilán, Portocarrero *y* Harcourt *se quedan detrás a alguna distancia.*

Harc.:	Ya recobrarse parece.	
Portoc.:	Acaso nuestra presencia	665
	de nuevo le alteraría.	
	Venid acá, no nos vea.	

(*Se retiran al foro*).

---

135 *Ap.: prevenido coro en el salón.*
136 *Preces*: oraciones, ruegos, súplicas a Dios.

Rey: ¿Qué es esto...? ¿Dónde me encuentro?
¿Es delirio...? ¿Es ilusión...?
¡Cuán opreso el corazón 670
de angustia gime aquí dentro...!
Entreabrirse hasta su centro
ver la tierra imaginé...
Con trémula planta hollé
las infernales cavernas, 675
y allí las penas eternas
estremecido miré.
Vana ilusión fue sin duda...[137]

(Se levanta).

Sí..., vivo aún..., Sí..., yo existo...,
delirio fue cuanto he visto..., 680
su miedo el alma sacuda.
Mas ¡ay! si pena tan cruda
nos hace ya padecer
un soñado infierno ver...,
aun en medio del sufrir 685
¡oh cuán dulce es el vivir!
y ¡cuán temible el no ser!
¡Qué rumor...! No..., me he engañado...
Solo estoy..., nadie me mira...
¡Nadie...! ¿Qué digo...? Es mentira..., 690
de gente estoy circundado.

(Mirando los retratos de los reyes).

¿Quiénes son...? ¡Dios...! ¿Qué he mirado...?
Mis antecesores... ¡ah!

---

137   Relata el rey sus alucinaciones: ha visto cómo se abre la tierra y ha puesto sus pies en el infierno mismo.

Cuando un rey se encuentra ya
cual yo abatido, en presencia   695
de su preclara[138] ascendencia,
¡cuán avergonzado está!

(Dirigiéndose al retrato de Carlos V).[139]

Tú, a quien el mundo temió,
Carlos, ¿por qué así me miras?
¡Ah...! Perdónenme tus iras   700
si tu nombre infamo yo.
La suerte que te halagó
me trató con torvo ceño[140];
y con obstinado empeño
nos hizo a los dos nacer,   705
a ti para grande ser,
y a mí para ser pequeño.
¿Qué veo...? Todos airados
reconvenirme parecen...
Oigamos... sus voces crecen...   710
«¿A quién darás tus estados?»
Oh, ilustres antepasados,
no dudéis tanto de mí.
Al francés, que aborrecí,
¿pensáis que el trono daré...?   715
No, jamás, jamás lo haré...,
postrado os lo juro aquí.

(Cae arrodillado y permanece así algún tiempo con la cara oculta entre las manos)[141].

---

138 *Preclara*: ilustre, famosa y digna de admiración.
139 Carlos I de España y V de Alemania (1550-1558), Emperador del Sacro Imperio Romano-Germánico, era hijo de Felipe de Habsburgo y de Juana I de Castilla. Le sucedieron en el trono Felipe II, Felipe III, Felipe IV y, finalmente, Carlos II.
140 Lamenta el rey que la misma suerte que acompañó a su antepasado le haya dado a él la espalda. Más adelante el drama aludirá a un tercer Carlos, el primogénito de Felipe II, a quien tampoco sonrió la fortuna.

Harc.:	¡Qué oigo!	
Portoc.:	¡Fatal juramento!	
Harc.:	Nuestras esperanzas cesan.	
Froilán:	Dadme la carta del Papa.	720
Portoc.:	¿Para qué?	
Froilán:	Tengo una idea...	
Harc.:	Ya comprendo..., dadla..., sí.	
Froilán:	No perdáis tiempo.	
Portoc.:	Tenedla.	

(Portocarrero *da la carta a* Froilán *y este va con sigilo a colocarla desdoblada sobre la mesa, entre las dos luces, cerca del sillón. El rey, después de haber permanecido arrodillado algún tiempo, se levanta manifestando debilidad y abatimiento*).

Rey:	Salgamos de este retiro...,	
	esta soledad da miedo...	725
	Mas tenerme apenas puedo...,	
	con dificultad respiro...	

(*Va con paso lento y se sienta, apoyando la cabeza en la mano. Hallándose en esta postura, dirige la vista a la mesa y ve la carta*).

Mi frente pesa. ¿Qué miro...?
¿No es este el sello y la mano
del pontífice romano...?   730
Dios mío, ¡qué pliego es este?
¿Lo trajo algún ser celeste?
¡Oh! ¡Qué misterioso arcano[142]!

(*Lee la carta, dando visibles muestras de alteración. Repite después algunas frases de ella*).

¿Qué he leído...? «Declarad
al de Anjou por heredero...,   735
no ofendáis a Dios..., primero

---

141 *Ap.: primer aviso de telón*.
142 *Misterioso arcano*: secreto muy reservado y difícil de conocer.

que el Austria es la eternidad».
Santo Padre, perdonad...
¿No es ofenderle si cedo
y a los míos desheredo...?[143]   740
Si alguna señal, oh Dios,
no dais de quererlo vos
obedecerle no puedo.

(En ese instante se oyen a lo lejos, y como partiendo de arriba, el sonido del órgano y el canto de los religiosos, que entonan en el coro el mismo himno que se cantó al principio de este acto. El rey, sorprendido, permanece en éxtasis y como en presencia de una visión celeste).

¡Qué celeste melodía...!
Mientras me encuentro indeciso,   745
este es sin duda un aviso
que el mismo cielo me envía.
Se abre entre dulce armonía
de Dios la alta residencia...
Su trono está en mi presencia...   750
y allí, propicio a mi ruego,
con caracteres de fuego
tiene escrita la sentencia.
Pues bien, Señor, la obedezco,
la obedezco, resignado,   755
y a vuestro nombre sagrado
este sacrificio ofrezco.
Inmolo a quien aborrezco
las prendas del corazón...
Mas solo mi salvación,   760
solo mi deber escucho;
que aunque mi amor puede mucho[144],

---

143 *Ap.: órgano, cantan dentro.*
144 *Ap.: segundo aviso de telón.*

puede más la religión[145].

(Cae arrodillado. Potocarrero, Harcourt *y* Froilán *acuden a levantarle).*

---

145 Esta declaración, que anticipa el sentido del desenlace, resume el conflicto del drama, tanto en el ámbito de la acción política como en el de la personal del rey con su hija.

Acto III

El teatro representa una sala de la casa del conde de Oropesa. En el foro una puerta de dos hojas, que es la de la capilla u oratorio. A los lados otras dos puertas: la que está a la derecha del actor conduce fuera de la casa; la de la izquierda al comedor. Otra puerta habrá también a la izquierda para ir al interior de la casa.

Escena I[146]

Froilán. Criados

Varios criados *entran en el comedor y otros salen; en este se oyen voces de convidados que están a la mesa. Sale* Froilán *con aire misterioso observando a todas partes.*

Oropesa: Brindo por los novios. *(Dentro).*
Voces: ¡Viva!
Florencio
e Inés: Gracias, señores
Froilán: ¡Qué bulla!
Criado: Padre, ¿a quién buscáis?
Froilán: A nadie.
Criado: ¡Como os entráis sin ninguna ceremonia!
Froilán: Abierta hallé 5

---

146 *Ap.: Desde que se empieza hasta la segunda escena criados del conde salen y entran [ilegible] con aparatos de mesa.*

	la puerta.
Criado:	Seréis sin duda algún convidado.
Froilán:	No.
Criado:	Errado habréis por ventura la casa.
Froilán:	¿No es la del conde? de Oropesa?
Criado:	Sí... ¿Qué busca su paternidad en ella?	10
Froilán:	¿Hoy tiene boda?
Criado:	No suya.
Froilán:	Ya sé que solo es padrino.
Criado:	Tampoco lo es, que ocupa ese lugar por el rey.	15
Froilán:	Lo sé.
Criado:	Pues, ¿por qué pregunta?
Froilán:	¿Celebrose el desposorio?
Criado:	No, señor..., mucho madruga su paternidad..., más tarde; que aún el banquete dura.	20
Froilán:	¿Habrá oratorio en la casa?
Criado:	Vedle allí.

(Señalando la puerta del foro).

Froilán:	¿Tiene solo una entrada?
Criado:	Otra tiene, sí; aunque es la escalera oscura.
Froilán:	Bien... ¿Decís que están comiendo?	25

| CRIADO: | Puede que pronto concluyan.
En esta sala... mirad...,
venid..., quizá se descubra
desde aquí a la novia... Sí...,
vedla allí... ¡Qué criatura | 30 |
| tan linda...! Parece un ángel. |
| FROILÁN: | ¡Cielos...! Callad..., me importuna
vuestra charla. |
| CRIADO: | ¡Vaya un hombre!
Tiene un gesto... No me gusta. *(Vase).* |

Escena 2

Froilán

| FROILÁN: | Allí está... ¡Cuán bella...! ¡Oh, cielos! | 35 |
| ¡Infeliz...! Apura, apura
el triste placer de verla,
pues que tu escasa fortuna
aun te niega tal placer
comprado con tanta angustia. | 40 |
INÉS:	¡Ay! *(Dentro, dando un grito).*
FLORENCIO:	¡Inés! *(Dentro).*
OROPESA:	¿Qué es eso? *(Dentro).*
FROILÁN:	¡Cielos!
Me ha visto.
OROPESA:	Todos acudan. *(Dentro).*
FROILÁN:	¡Se ha desmayado...! ¡A tal punto
mi odiado aspecto la asusta!

| S. Est.: | Más vale sacarla fuera. *(Dentro)*. | 45 |
| Froilán: | Van a salir... No es cordura quedarme... Huyamos. *(Vase)*. | |

Escena 3[147]

Oropesa. Florencio. Inés. Montalvo. San Esteban. grandes. Señoras. Convidados. Criados

S. Est.:	Venid. *(Saliendo el primero)*. Esta atmósfera es más pura.	
Oropesa:	Traed un sillón, vosotros. *(A los* criados *que salen con él)*. ¡Pobrecita!	
S. Est.:	¡Qué importuna congoja!	50
Oropesa:	¡Tan imprevista!	
S. Est.:	Fue como si viera alguna fantasma.	
Criado:	Ya ha vuelto en sí. *(Saliendo)*.	
Oropesa:	Con todo, que la conduzcan a esta sala... Abrid un poco los balcones.	55
S. Est.:	¡Qué diablura! Cuando con tanto placer...	

(Sale Inés *sostenida por* Florencio. *Los acompañan varios* caballeros *y* señoras. *Los* criados *habrán acercado un sillón, en el que se hace sentar a* Inés*)*.

Florencio: Ven, Inés.
Inés: ¡Ay!

---

147 *Ap.: prevenidos caja y clarines y [pregonero] para el pregón; y en acabando vuelven a tocar. [Tres actores] y seis caballeros izquierda. Voces derecha. [Cinco actores] y seis caballeros derecha. Cuatro pajes.*

FLORENCIO:	¿Qué te turba?
INÉS:	¿Quién hay aquí?
OROPESA:	No temáis: solo amigos os circundan.	60
INÉS:	¡Ah...! Perdonadme, señor... ¡Qué vergüenza...! Por mi culpa se ha interrumpido el banquete.
OROPESA:	¿Qué importa que se interrumpa? Ya volveremos... Ahora serenaos... Voy en busca de un espíritu[148] que guardo en mi bufete[149].	65
INÉS:	Esa es suma bondad... No... *(Vase Oropesa).*

Escena 4

Dichos, menos OROPESA

FLORENCIO:	Desecha, Inés, el fiero terror que anubla tu semblante.	70
INÉS:	¡Ay, Dios! Florencio, siempre esa horrible figura a mis ojos se presenta; y más airada que nunca hora[150] aquí mismo pensé...	75
FLORENCIO:	Es delirio que perturba tu imaginación... ¿Qué temes?

---

148 *Espíritu*: vapor que exhalan el vino y los licores; en este caso se refiere a la bebida en sí misma.
149 *Bufete*: mesa de escribir con cajones.
150 Se reitera, a lo largo de la pieza, el empleo de este adverbio por *ahora*, lo que contribuye a la recreación verosímil de la ambientación histórica de la pieza.

| | ¿No estoy contigo...? ¿No escuda
de todo un rey el favor
tu inocencia...? El que presuma
dañarte... | 80 |
| S. Est.: | Pero ¿qué es eso?
¿Qué misterio...? Hablad y luzca
aquí la verdad; que todos
prometemos nuestra ayuda. | |

(Se oye a lo lejos el sonido de timbales y clarines)[151]

Mont.:	Oíd.
S. Est.:	¿Qué será?
Mont.:	No acierto...	85
Florencio:	El pregón será sin duda.
S. Est.:	Sí... No me acordaba que hoy
el Auto de fe se anuncia.

Escena 5

Dichos. Oropesa

| Oropesa: | Venid, señores, venid;
y a mirar desde el balcón
este solemne pregón
presurosos acudid.
Abre la marcha lucida
Manuel Ignacio Novalles,
ostentando por las calles
su vara negra y temida. | 90

95 |

---

151 *Ap.: clarines, timbales, dentro, puerta cerrada.*

Con la suya caminar
se ve a Ondátegui a par de él,
que si es alguacil aquel,
este es primer familiar[152]. 100
Sigue luego un escuadrón
que casi a doscientos llega,
y allí sus galas despliega
tan vistosa procesión.
Familiares y notarios 105
con buen orden lo componen;
a un tiempo aguardan e imponen
todos con sus trajes varios.
Airosamente tocados,
sus leves plumas se agitan, 110
y ameno pensil[153] imitan
tantos colores mezclados.
Son en sus trajes brillantes
lo más vil la seda y oro,
que cada cual un tesoro 115
lleva en soberbios diamantes.
Desairan la luz del día[154]
con sus vivos resplandores,
ni hay entre tantos primores
a quien dar la primacía[155]. 120

---

152 Aunque el argumento de la obra se desarrolla en el último año de vida del rey, esta escena recoge los datos que sobre el Auto de 1680 ofrece la *Relación histórica del Auto general de fe*, a la que me he referido en la introducción, reeditada en Madrid, Imprenta de Cano, en 1820. En ella leemos: «[...] empezaron a salir los ministros a caballos pareados de dos en dos, dando principio Manuel Ignacio de Novalles, alguacil mayor de la congregación, a la mano derecha, y a su lado Marcos de Hondatigui, familiar del Santo Oficio llevando entrambos levantadas las varas en las manos» (pp. 13 y 14).
153 *Ameno pensil:* delicioso jardín
154 *Desairar la luz del día*: producir más luz con el resplandor de sus brillos que el propio día.
155 Resulta difícil saber quién de los asistentes al acto es el que se ha aderezado con mayor vistosidad.

Los ardientes alazanes[156]
veréis airosos trotar,
orgullosos de llevar
unos dueños tan galanes;
y a ellos también a su vez,   125
las gualdrapas[157] arrastrando,
hacen sonar relinchando
la plata de su jaez[158].
El primoroso estandarte
se alza por fin de la fe,   130
donde si el oro se ve,
aun mucho más luce el arte[159].
Sus borlas[160] llevan ufanos
Luis Román y Juan Romero,
porque este honor lisonjero   135
les toca por ser decanos[161].
Los acentos del clarín
el ronco timbal apoya,
y Lucas López de Moya[162]
publica el pregón al fin.   140
Cada cual desde el balcón
escucha con santo celo[163]
y con el blanco pañuelo
saluda a la Inquisición.

---

156 *Alazán*: caballo cuyo pelo es del color de la canela.
157 *Gualdrapa*: cobertura larga, de seda o lana, que cubre y adorna las ancas de, en este caso, el caballo.
158 *Jaez*: adorno de cintas en las crines del caballo.
159 Se refiere a la elaborada ornamentación del estandarte rico de la congregación, que incluía bordados en oro.
160 *Borlas*: cordones laterales del estandarte.
161 Según se menciona en la *Relación histórica del Auto general de fe,* a Luis Román le correspondió el honor de llevar la borla de la mano derecha, por ser el mayordomo de la congregación y a Juan Romero la de la izquierda, por su condición de diputado más antiguo.
162 Lucas López de Moya, familiar y notario de número de la Inquisición, fue quien, en efecto, dio el pregón del Auto de fe de 1680.
163 *Celo*: interés extremo.

S. Est.:	¿Quién gustoso no ha de ver	145
	esa pompa?
Oropesa:	¿Cómo estáis? *(Acercándose a* Inés).
Inés:	Mejor.
Oropesa:	¿Nos acompañáis?
Inés:	Perdonad..., no puede ser...,
	que aún algo débil me siento.
Oropesa:	Pues bien, quedaos... Tomad	150
	ese pomo y respirad
	su esencia... Solo un momento
	nos separamos de vos.
Inés:	Mil gracias.
Oropesa:	Venid, señores.
S. Est.:	Veamos esos primores.	155
Florencio:	Id, pues, señores, con Dios.

(Vanse los caballeros *y* señores).

Escena 6[164]

Inés. Florencio

Inés:	Qué, ¿no vas?
Florencio:	No, vida mía.
Inés:	¿Y por qué?
Florencio:	¿Te he de dejar?
Inés:	No, no te quieras privar
	de esa diversión... Yo iría	160
	si fuera que tú[165].

---

164   *Ap.: prevenida la del arpa para tocar dos veces.*
165   *Ap.: clarines, dentro, puerta abierta.*

FLORENCIO: Yo no;
que antes que todo es mi Inés.
INÉS: Si ya estoy buena... Ve, pues.
FLORENCIO: Escucha, que ya empezó.

(Se oyen los timbales y clarines como tocando al lado de la casa. Paran, y una voz fuerte publica el pregón siguiente).

PREGONERO: Sepan todos los vecinos de esta Villa de Madrid que el Santo Oficio de la Inquisición celebra Auto público de fe y que se le conceden las gracias e indulgencias por los sumos pontífices dadas a todos los que acompañaren y ayudaren a dicho Auto[166].

(Vuelven a tocar los timbales y clarines y se van alejando).[167]

INÉS:	Yo no sé qué horror secreto	165
	en mí suscita esa voz.	
	¡Ay de mí!, que al escucharla	
	el pecho se estremeció.	
FLORENCIO:	¿Qué es lo que dices, Inés?	
	¿Tú temer la Inquisición?	170
	¿Ese pregón te da miedo?	
	¡A ti, más pura que el sol!	
INÉS:	¿No es verdad que no la debo	
	temer, no?	
FLORENCIO:	¿Quién tal pensó?	
INÉS:	Con todo... si sucediera...,	175
	si ese hombre odioso..., ¡qué horror!	
FLORENCIO:	Inés..., alienta... Tu sitio	
	sus calabozos no son:	
	tu puesto se halla en el cielo	
	junto al trono del Señor.	180

---

166 Las palabras de este pregón se toman literalmente de las que cita la *Relación histórica* a la que vengo refiriéndome.
167 *Ap.: clarines, dentro, puerta abierta.*

INÉS: ¡Dios mío...! ¡Dios mío!
FLORENCIO: ¿Lloras?
INÉS: Esas lágrimas no son
  por mí, no... ¡Cuál fuera entonces,
  Florencio, tu pena atroz!
FLORENCIO: ¿Qué escucho...? ¿Solo te acuerdas   185
  de mis penas...? ¿Y tú?
INÉS: ¿Yo?
  No me espantan los suplicios:
  me espanta el perderte.
FLORENCIO: No,
  no me perderás, lo juro,
  lo juro... ¿Quién, vive Dios,   190
  arrebatarte osaría
  de mis brazos, a mi amor?[168]
  ¿Tan fácil es a un amante
  arrancarle el corazón?
  Si hay alguno que lo intente,   195
  espada tengo y valor.
INÉS: ¡Florencio!
(*Deja caer su cabeza sobre el pecho de* FLORENCIO).

FLORENCIO: ¡Inés...! Ven..., reposa
  aquí tu frente.
INÉS: A tu voz,
  tranquilizada, ya siento
  disipado mi terror.   200
FLORENCIO: Piensa solo en ser dichosa.
INÉS: Ámame siempre y lo soy.
FLORENCIO: ¡Amarte...! Aun después de muerto,

---

168 *Ap.: timbales dentro.*

que allí también hay amor.
(Señalando al cielo y luego al foro).

¿Ves aquella puerta...? Allí 205
está el altar. Ante Dios
dentro de breves instantes
ser tuyo juraré yo.
Juramentos, bien lo sé,
no ha menester mi pasión; 210
mas es tan pura esta llama
que nos abrasa a los dos,
tan bella, que bien merece
la contemple el Hacedor.

Escena 7

Dichos. Oropesa. Grandes. Señoras

Oropesa: Inés, Florencio, alegraos. 215
Hoy vuestros amores gozan
de una dicha sin igual
que pocos vasallos logran.
El monarca en cuyo nombre
soy padrino en estas bodas, 220
sus favores aumentando,
con su presencia las honra.
Florencio: ¿Qué decís?
Oropesa: Un gentilhombre[169]
el aviso acaba ahora

---

169   *Gentilhombre*: criado de la casa del rey que solía acompañarle cuando este salía a alguna celebración religiosa.

|||||||||| de traerme. La carrera[170] 225
don Carlos en su carroza
ha salido a recorrer,
y con su augusta persona
llena de esperanza al pueblo,
que al mirarle se alboroza. 230
Al pasar por esta casa,
cuyas cadenas pregonan
no ser la primera vez
que de tanto honor blasona[171],
intenta subir, y él mismo, 235
a este acto dando más pompa,
conduciros al altar
en la santa ceremonia.

INÉS: ¡Qué bondad!

(Se oyen dentro vivas).[172]

OROPESA: Estos clamores
que el aire pueblan y asordan[173], 240
anuncian ya su llegada.
Salgo a recibirle.

(Vase con los GRANDES*).*

ESCENA 8

INÉS. FLORENCIO. SEÑORAS

FLORENCIO: Ahoga,

---

170 *Carrera*: recorrido, en este caso de la procesión del Auto de fe.
171 *Blasonar*: hacer ostentación de algo. Las cadenas otorgadas por el rey en una visita previa a Oropesa representan el favor de Carlos al valido y son, para este, motivo de orgullo.
172 *Ap.: vivas derecha, dentro.*
173 *Asordar*: llenar de ruido.

	Inés mía, tus pesares.	
	De un hombre vil, ¿qué te importa	
	el impotente furor?	245
	Mientras el rey nos acoja	
	bajo su amparo, ¿qué puede	
	quien solo existe a su sombra?	
Inés:	Dices bien: en nuestra dicha	
	pensemos no más... Pues colma	250
	el cielo nuestros deseos,	
	apuremos esta copa	
	de placer que nos presenta	
	con sonrisa cariñosa.	
	Gocemos mientras duraren	255
	de felicidad las horas;	
	que si pasan, y algún día	
	ser desgraciados nos toca,	
	cual bálsamo de consuelo	
	nos quedará su memoria.	260

Escena 9

Dichos. El rey. Oropesa. Grandes

Sale el rey *acompañado de* Oropesa *y los* grandes. Inés *y* Florencio *doblan la rodilla y le besan la mano.*

Florencio: ¡Señor!
Rey: ¡Hijos míos!
Inés: ¡Tanta
         bondad![174]
Rey: ¡Y bien!, ¿qué os asombra?

---

174 *Ap.: prevenidos dos criados con arpa puerta izquierda. Los que están en la escena abren la puerta del foro y salen por ella [dos actores], seis familiares y seis alguaciles foro derecha.*

| | Cumplo lo que prometí:
| | vengo a presenciar las bodas.
| | Por fortuna hace ya días   265
| | que mi salud se recobra,
| | y puedo sin riesgo alguno
| | ir a respirar en otra
| | atmósfera que en el regio
| | alcázar que me aprisiona[175].   270
| | El doctor Parra[176], además,
| | desde la escena espantosa
| | del conjuro, me aconseja,
| | para ahuyentar melancólicas
| | ideas, que los parajes   275
| | más agradables recorra,
| | y presencie escenas tiernas
| | do la virtud venturosa
| | solo sensaciones gratas,
| | solo ternura provoca.   280
| Florencio: | A vos lo debemos todo.
| | Para quien dichosos forma,
| | ¿qué espectáculo más dulce
| | que el mirar sus propias obras?
| Rey: | Vos, conde, no imaginéis   285
| | que intento en la ceremonia
| | arrebataros un puesto
| | que gustoso...
| Oropesa: | Si era honra
| | para mí representar
| | vuestra sagrada persona,   290
| | el pisar vos esta casa

---

175 El Real Alcázar de Madrid fue residencia real hasta su incendio en 1734. Sobre su solar se construyó el Palacio Real.
176 Personaje histórico. Se trata, en efecto, del médico de cámara del rey Carlos II.

	aún más honor me reporta.
Rey:	Guiad los novios al ara,
	este deber siempre os toca,
	que a ser mero espectador	295
	yo solo he venido ahora.
Oropesa:	A estar para esta visita
	prevenido, con la pompa
	os recibiera, señor,
	digna de...
Rey:	Así me acomoda.	300
	Recorriendo la carrera
	tuve esta idea... ¡Famosa
	ha estado la cabalgata!
	Mas no sé qué negras sombras
	a oscurecer empezaron	305
	mi vista... Sí..., la memoria
	del Auto anterior (aunque hace
	tantos años) no se borra
	de mi mente... y pienso ver...[177]
Oropesa:	Fue aquella función grandiosa,	310
	y si esta se le parece...
Rey:	Cuando mis primeras bodas
	fue..., bien me acuerdo... La hoguera
	sirvió de nupcial antorcha *(distraído)*,
	triste luciendo... A mi lado	315
	se hallaba mi tierna esposa...,
	mi Luisa... y me suplicaba...
	Mas no hubo perdón... Asombra
	el número de las víctimas.
	Las llamas devoradoras	320

---

[177] El Auto de fe que evoca Carlos es, precisamente, el de 1680, recién celebradas sus bodas con su primera esposa María Luisa. Como hemos visto ya, la ficción dramática recrea un Auto madrileño en 1699 que en realidad no existió, si bien toma todos los datos necesarios sobre el mismo del ejecutado casi veinte años antes.

| | a cincuenta consumieron...
| | ¡Herejes!, ¿quién los perdona?
| | Bien hecho fue..., ¿no es verdad?
| Oropesa: | Sí..., fue justicia notoria.
| Rey: | ¡Ah! ¡Ah! ¡Qué gestos hacían!   325

(con risa sardónica[178]*, delirando),*

| | ¡qué gritos daban...! Sus bocas
| | cubiertas de espumarajos
| | proferían horrorosas
| | imprecaciones... ¡Impíos!
| | ¡Al brasero! ¡A la picota![179]   330
| Inés: | Señor, olvidad tan tristes...
| Rey: | Treinta fueron en persona *(asiéndola por el brazo)*
| | quemados..., veinte en efigie,
| | con sus huesos..., que aunque esconda
| | la tierra al culpable, nunca   335
| | sus derechos abandona
| | la Inquisición... A la muerte
| | su presa disputa ansiosa,
| | y hasta del féretro mismo,
| | si la halla en él, la recobra[180].   340
| Inés: | ¡Que horror!
| Rey: | Pues mira... por eso
| | mis reinos todos me nombran
| | el vengador de la fe...
| | Mas ¿qué digo...? Ahora... Ahora
| | ya no lo soy..., soy un réprobo[181]...   345

---

178 *Sardónica*: risa sarcástica y desordenada que no nace de la alegría interior.
179 *Picota*: columna de piedra en la que se exponían las cabezas de los ajusticiados.
180 A la hoguera podían ser arrojados tanto los reos en persona como sus efigies (si no había sido posible encontrarles) o incluso sus cadáveres si ya habían fallecido.
181 *Réprobo*: condenado a las penas eternas. El rey se considera pecador por haber tenido una hija y haberla abandonado. A ello achaca sus males.

                        Huid..., huid. *(Delirando enteramente).*
OROPESA: Le abandona
            la razón.
REY: También a mí
            la Inquisición sus antorchas
            me prepara... No..., apartad...
            La frente que una corona   350
            ciñe, no puede... Salgamos,
            que sus verdugos me acosan.
OROPESA: Su acostumbrado delirio
            le acomete...

(El REY, *discurriendo incierto por el teatro, vacila.* OROPESA, FLOREN-
CIO, INÉS *y los* GRANDES *le sostiene y le hacen sentar).*

                        ¡Oh, qué penosa
            situación! ¡Cielos! ¿Qué haremos?[182]   355
FLORENCIO: Al oír la voz sonora
            de Inés, de tan triste estado
            alguna vez se recobra.
INÉS: ¡Ah...! Sí... Sí..., traed un arpa,
            que ya a cantar estoy pronta.   360
            Mas, ¿qué cantaré?
FLORENCIO: El romance
            hecho para nuestras bodas.

(Traen un arpa. INÉS *la toca y canta. Al oír el preludio* EL REY, *que estaba abatido, se recobra y se pone a escuchar embebecido*[183], *como si
saliera de un profundo sueño).*

INÉS: *(Canta).* Barquilla que sin recelo
            en el mar de amor navegas,
            boga, boga, que ya llegas   365

---

182 En este verso el apunte que se conserva indica *hijuelas* y señala que los veintiséis versos siguientes no se representan. Las hijuelas son cuartillas manuscritas que se añaden a los apuntes con versos o parlamentos alternativos a los de la versión primera. Cabe suponer que los versos eliminados fueron sustituidos por otros, pero las cuartillas que pudieran contenerlos no han llegado hasta nosotros.

183 *Embebecido*: pasmado, embelesado.

| | el ansiado puerto a ver.
| | Luce e sol de tu ventura,
| | la mar sonríe en bonanza,
| | y el viento de la esperanza
| | te lleva al dulce placer.   370
| Rey: | ¡Inés...! ¿Eres tú...? No ceses:
| | mi alma al oírte recobra
| | su quietud y en mil placeres
| | enajenada se goza.
| Inés: | *(Canta).* ¡Ay!, no tardes: la inconstancia   375
| | teme del mar proceloso,
| | que en la tarde está furioso
| | cuando en calma amaneció.
| | Mas de un barco sin ventura
| | probó su furor impío;   380
| | y en el áspero bajío[184]
| | ante el puerto se estrelló.

(El rey *se levanta enajenado y se encamina hacia* Inés).

| Rey: | ¡Oh, Inés! De tu dulce voz
| | esa magia poderosa
| | es la que solo consigue   385
| | mis penas y mis zozobras
| | mitigar, y algún consuelo
| | vierte en mi vida angustiosa.
| | El ángel eres sin duda
| | que el cielo me proporciona   390
| | en medio de tantos males
| | para sanarlos... Pues sola
| | puedes la salud volverme,

---

184 *Bajío*: en este contexto, elevación en el fondo del mar.

	quédate a mi lado, pronta	
	siempre a calmar mis delirios	395
	con canciones seductoras.	
Inés:	Si tal consigo, señor,	
	yo me tendré por dichosa.	
Rey:	Tiempo es ya de que himeneo[185]	
	te dé la dulce corona,	400
	premio de amor y virtud	
	que esperando estás ansiosa.	
	Si todo está preparado,	
	puede ya la ceremonia	
	principiar.	
Florencio:	Antes, señor,	405
	esa mano bienhechora	
	permitid que con respeto	
	puedan besar nuestras bocas.	
Rey:	Hijos, sí.	

(Se arrodillan y besan la mano al rey*).*

	Marchad, y el cielo	
	bendiga unión tan preciosa.	410

Escena 10

Dichos. Froilán. *Un* comisario *de la Inquisición.* Familiares. Alguaciles *y luego* guardias

Florencio:	Mis votos están cumplidos.
Oropesa:	La mano, amigos, me dad.

---

185 *Himeneo*: boda, casamiento.

Vamos, abrid.

(OROPESA *toma por la mano a* INÉS *y* FLORENCIO *y se encamina con ellos y los demás asistentes hacia el oratorio. A la voz «Abrid» se abre la puerta de la capilla y aparece en ella* FROILÁN, *acompañado de* FAMILIARES *y* ESBIRROS *de la Inquisición. Todos retroceden al verle y él se avanza en medio con aire lúgubre y funesto*).

FROILÁN: Esperad.
OROPESA: ¿Qué veo?
INÉS: ¡Somos perdidos!

(*Yendo a guarecerse en los brazos de* FLORENCIO).

FLORENCIO: ¡Froilán Díaz...! ¡Maldición!   415
REY: ¿Qué es esto, padre Froilán?
             ¿Qué intentáis...? ¿Quiénes están
             ahí con vos?
FROILÁN: La Inquisición.
TODOS: ¡La Inquisición!
OROPESA: Y en mi casa
             el Santo Oficio, ¿qué quiere?   420
FROILÁN: Si su majestad nos diere
             su venia...
FLORENCIO: ¡El furor me abrasa! (*Aparte*).
REY: Cumplid con vuestro deber;
             si el Tribunal os envía
             ¿quién contrastar osaría   425
             en mis reinos su poder?
FROILÁN: Comisario, habéis oído.
COMIS.:   ¿Inés Gómez?

(*Sacando un legajo de papeles y leyendo*).

Rey:	¿Cómo?
Florencio:	¡Inés!
Comis.:	¿Se halla aquí?
Oropesa:	Sí..., esta es.
Comis.:	¿Vuestra edad?
Inés:	Aún no he cumplido 430 dieciocho años.
Comis.:	¿Vivís en la calle de Torija?[186]
Inés:	Sí, señor.
Comis.:	¿Esta sortija es vuestra?
Inés:	¡Oh, Dios!
Comis.:	¿Qué decís?
Inés:	Mía fue..., tiempo hace ya 435 que en Alcalá la he perdido.
Comis.:	¿Habéis allí residido?
Inés:	Hasta un año escaso habrá.
Comis.:	Pues vos sois la que buscamos. De orden de la Inquisición, 440 señora, daos a prisión.
Inés:	¡Yo!
Rey y Oropesa:	¡Cielos!
Florencio:	¡Inés!
Froilán:	¡Sí!
Comis.:	Vamos.
Rey:	¡Inés...! ¿Y por qué delito?
Froilán:	Por hechicera
Todos:	¡Hechicera!

---

[186] En la calle Torija, próxima al Palacio Real, estuvo el edificio del Consejo del Santo Oficio y el Monasterio de Santo Domingo, también vinculado a la Inquisición.

(Se apartan de Inés *horrorizados).*

Florencio:	Esa es calumnia grosera.	445
Comis.:	En el proceso está escrito[187].	
Rey:	Padre Froilán, ¿es verdad?	
Froilán:	Estremeceos, señor:	
	objeto de su furor	
	es...	
Rey:	¿Quién?	
Froilán:	Vuestra majestad.	450
Oropesa:	¡El rey!	
Rey:	¡Yo!	
Florencio:	¡Mentís!	
Inés:	¡Aleve![188]	
Froilán:	Lo declara el Santo Oficio:	
	vuestro horrible maleficio	
	a sus hechizos se debe.	
Rey:	¡Qué horror!	
Inés:	¿Le creeréis? *(Al* rey*).*	
Rey:	Aparte.	455
Florencio:	Mentís, os vuelvo a decir. *(A* Froilán*).*	
Inés:	¡Florencio!	
Florencio:	¡Y he de sufrir	
	que así se atreva a acusarte!	
	¡No, no será, vive Dios!	
	La verdad descubriré	460
	y aquí mismo arrancaré	
	el disfraz que os cubre a vos. *(A* Froilán*).*	
Froilán:	¿A mí?	
Florencio:	A vos, mal religioso.	
	Sabed que a Inés ha querido *(al* rey*)*	

---

187 *Ap.: ocho guardias puerta derecha.*
188 *Aleve*: pérfido, traidor.

	seducir... No lo ha podido,	465
	y así se venga alevoso.	
Oropesa:	¿Qué dice?	
Rey:	¡Infame!	
Froilán:	Dejadle.	
	Señor, ¿no veis que delira?	
	Su ciega pasión le inspira:	
	no es extraño..., perdonadle.	470
Florencio:	¡Hipócrita vil!	
Rey:	¿A un santo	
	te atreves a calumniar?	
Inés:	¡Señor...!	
Rey:	Quita tú... Mirar	
	no te puedo sin espanto.	
	¿Así mis bondades pagas?	475
	¡Sierpe astuta, que a traición	
	me muerdes el corazón	
	cuando pérfida me halagas!	
	¡Qué extraño que mis delirios	
	con tus cantos disipases,	480
	si antes con mágicas frases	
	tú labraste mis martirios!	
	¡Suerte, cuál es tu rigor,	
	pues cuanto en la tierra amé,	
	otro tanto al fin hallé	485
	ingrato, falso, traidor!	
	Prueba, pues, mi justo encono[189],	
	mujer digna de castigo;	
	aparta, yo te maldigo,	
	y a tus jueces te abandono.	490

---

189 *Encono*: rencor, animadversión.

| Inés: | Por Dios, señor, desechad
acusación tan horrible:
¿no advertís que es imposible
en mí tal perversidad?
A mis años no se aprenden | 495 |
| | esas artes infernales:
solo de amor y sus males
tan tiernos años entienden.
Amar mi existencia ha sido,
amé cuanto conocí, | 500 |
| | a todos amé... Mentí:
uno es de mí aborrecido.
Uno y, si le conocieran,
todo el universo, vos,
y hasta de bondad el Dios | 505 |
| | como yo le aborrecieran.
Mas el hipócrita odioso
con falsa virtud engaña,
y con implacable saña
de mí se venga alevoso. | 510 |
| | Vedme a vuestros pies, señor...
¡Piedad...! Mas ¿os alejáis?
¿De mi la vista apartáis?
¡Oh, injusto y cruel rigor[190]! | |

(*A los* GRANDES *que también se apartan y vuelven la cabeza*).

| | Y vosotros, caballeros,
os lo pide una mujer:
¡ah!, venidme a defender
de mis enemigos fieros. | 515 |

---

190 El destino cruel es de nuevo invocado, románticamente, como origen de todos los males que aquejan a los protagonistas.

Venid..., ¿qué miro...? ¿También
huís de mí horrorizados? 520
¿Qué es esto...? ¡Crueles hados!
¿A quién dirigirme, a quien?
¿Adónde[191] encontraré yo
un ser que por mí interceda,
uno que salvarme pueda? 525
¿Adónde, adónde?

(Corriendo incierta por el teatro, se encuentra con Froilán, *que se acerca a ella como ofreciéndose y dando a entender con su acción que él puede salvarla; ella retrocede horrorizada y con desprecio dice).*

¿Vos...? No.
Froilán: Ministros del Tribunal *(con furor)*,
¿por qué tardáis en llevarla?

(Los esbirros[192] *se acercan para prenderla.* Florencio, *furioso, saca la espada y se coloca delante de* Inés, *amenazando a los* alguaciles, *que se detienen).*

Florencio: Si alguien se atreve a tocarla,
llegó su instante fatal. 530
Inés: ¿Qué haces?

(Se abalanza al brazo de Florencio *y le contiene con fuerza).*

Rey: ¡Osado!
Oropesa: ¡Imprudente!

(Se abalanza también para detener a Florencio*).*

Comis.: ¡Favor a la Inquisición!
Rey: ¡Hola, guardias!
Florencio: ¡Maldición!
¿Tú enfrenas mi rabia? *(A* Inés*).*

---

191 Así aparece en la primera edición por *Dónde*.
192 Los esbirros de la Inquisición eran los guardias encargados de ejecutar las órdenes en los procesos, en este caso la detención de la acusada.

Inés:	Tente[193].	
Oropesa:	Mira que vas a labrar[194]	535
	tu perdición.	
Rey:	¡Qué insolencia!	
	¡Atreverse en mi presencia	
	el acero a desnudar!	
	¡Prendedle!	

(Los GUARDIAS, *que habrán llegado, y los* ESBIRROS *se abalanzan a* FLO-RENCIO, *que detenido por* INÉS *y* OROPESA *no puede defenderse. Sin embargo, forcejea y se resiste entre todos).*

Inés:	¡Cielos!	
Florencio:	¡Malvados!	
	¡Todos juntos! Uno a uno	540
	venid... no temo a ninguno...,	
	quedaréis escarmentados.	
	¿Y no la osáis defender, *(a los* GRANDES)	
	caballeros? Dije mal:	
	¡caballeros...! No lo es tal	545
	quien no ampara a una mujer.	
	Andad... ¡y en vosotros arde	
	de mil héroes el valor!	
	Mentira, pues al temor	
	dobláis la frente cobarde.	550
	La Inquisición, me diréis,	
	la Inquisición os da susto...	
	¡Y ante un Tribunal injusto	
	siempre siervos temblaréis!	
	Esos nobles infanzones[195]	555
	que conquistaron el mundo,	
	a los pies de un fraile inmundo	

---

193 *Ap.: primer aviso de telón.*
194 *Labrar*: causar.
195 *Infanzones*: categoría de hidalgo, noble de rango inferior.

hora humillan sus blasones[196].
¡Oh, mengua[197]! ¡Oh, torpe baldón[198]!
¿Cómo España ha de ser grande 560
si consiente que la mande
quien le imprime tal borrón?
Maldito mil veces sea
ese Tribunal odioso,
que siempre de sangre ansioso 565
solo suplicios desea;
que pretendiendo vengar
del cielo la causa santa,
la ofende y al orbe espanta
a fuerza de asesinar. 570
¡Y ministro entre furores
de la religión se dice!
La religión le maldice
y detesta sus horrores.

INÉS: ¡Ah...! Calla, por Dios.
REY: ¡Blasfemo! 575
¡Y te he podido escuchar!
¡Y osaste ante mí llevar
tu furor a tanto extremo!
¡Ah...! Salgamos de aquí luego,
pues cuanto esta casa encierra 580
temo lo trague la tierra
o abrase el celeste fuego.
Padre Froilán, pues de Dios
tenéis la espada en la mano.
no haya perdón a su insano 585
delito, y mueran los dos. *(Vase horrorizado).*

---

196 *Blasones* escudos de armas; glorias, honor. Explica Florencio que los nobles, tan valientes en la guerra, muestran su cobardía al desamparar a Inés y rinden su honor a un fraile despreciable.
197 *Mengua*: deshonra por falta de valor.
198 *Baldón*: oprobio, afrenta, injuria.

FROILÁN: A las mazmorras levadlos.
INÉS: ¿Qué has hecho? *(A* FLORENCIO*).*
FLORENCIO: Si has de morir
           tu suerte quiero sufrir.
INÉS: ¡Florencio!
FLORENCIO: ¡Inés! *(Se abrazan).*
FROILÁN: Separadlos[199].   590

(Los ESBIRROS *los apartan a la fuerza y se los llevan).*

---

199   *Ap.: segundo aviso de telón.*

Acto IV[200]

El teatro representa un calabozo de la Inquisición

Escena I

Inés. Carcelero

Carcel.:	Vuestros ruegos me importunan[201]:
	callad, señora, callad.
Inés:	En vano con torvo ceño[202]
	mostráis severa faz[203]:
	lo conozco, mi desgracia 5
	os duele a vuestro pesar,
	y lágrimas de ternura
	os miro vertiendo ya.
Carcel.:	¿Yo, señora...? ¿Yo...? Mentira,
	¡voto a Dios...! ¿Imagináis 10
	que para ser compasivo
	me tiene aquí el tribunal?
	No es ese mi oficio, no:
	mi oficio es solo escuchar
	los lamentos y dormirme 15
	de su sonido al compás;

---

200   *Ap.: oscuro. [Inés] y [carcelero] con farol y llaves izquierda empiezan.*
201   *Importunar*: molestar.
202   *Torvo ceño*: gesto airado, fiero.
203   *Severa faz*: rostro serio, semblante áspero.

	es ver males y reír,	
	ver suplicios y gozar.	
	Yo tengo este corazón	
	aún más duro que el metal	20
	con que forjados los grillos	
	de estas mazmorras están.	
	Ni una lágrima en mi vida	
	se me ha visto derramar.	
Inés:	Pues, ¿qué es esto?	

(Pasándole la mano por los ojos)

Carcel.:	Esto es tan solo...[204]	25
	brujería... ¡voto a tal!	
	Brujería..., sí, señora:	
	por hechicera aquí estáis,	
	y es el hechizo mayor	
	el hacerme a mí llorar.	30
Inés:	Mi juventud, mi inocencia	
	son mis hechizos, no más:	
	miradme bien y decidme	
	si puedo ser criminal.	
Carcel.:	Yo en eso nunca me meto,	35
	que esas son cuentas allá	
	del tribunal... Todos dicen	
	siempre lo mismo... Es verdad	
	que como vos, lo confieso,	
	jamás he visto, jamás...	40
Inés:	Pues bien, tened por lo mismo	
	algún poco de piedad.	
Carcel.:	¡Piedad...! Ya tengo bastante:	

---

[204] Ap.: [Froilán] foro derecha.

	mejor no os puedo tratar.	
Inés:	Es cierto, y agradecida...	45
	Pero, ¿por qué me negáis	
	el solo favor que...?	
Carcel.:	¡Diablos!	
	¡No es nada el favor...! ¡Pues ya!	
	Si lo supieran... bonita	
	se armaría... Sí... ¡Dejar	50
	que se comuniquen dos presos!	
Inés:	Un minuto nada más	
Carcel.:	Ni medio	
Inés:	Es mi esposo.	
Carcel.:	¡Y qué!	
	Por lo mismo.	
Inés:	¿Quién sabrá...?	
Carcel.:	Mi conciencia.	
Inés:	¿La tenéis	55
	en dejarme así penar?	
	¡Ah! ¡Tantos días sin verle!	
	¡Infeliz! ¡Cuál sufrirá!	
	¿Tenéis mujer? ¿Tenéis hijos?	
Carcel.:	Sí tengo.	
Inés:	Pues bien, pensad	60
	¡cuál vuestro dolor sería	
	si de ellos a separar	
	os llegasen...! Un momento,	
	un momento, por piedad.	
	Dentro de poco..., mañana...	65
	tal vez se ejecutará	
	la sentencia. A separarnos	

	va toda una eternidad:	
	permitid que para siempre	
	un adiós le pueda dar.	70
Carcel.:	¡Vamos...! Si digo yo bien	
	que es brujería. Vendrá	
	conmigo aquí... Mas silencio:	
	si lo saben...	
Inés:	Descuidad.	
	Mi gratitud será eterna.	75
	¿Qué digo...? Corta será.	
	Mi gratitud, mi silencio	
	breve término hallarán	
	en la muerte.	
Carcel.:	¡Pobrecita!	
	Me voy..., no quiero llorar.	80

Escena 2

Dichos. Froilán

Al llegar el carcelero *a la puerta, sale* Froilán

Inés:	Al fin le daré siquiera	
	el último adiós.	
Carcel.:	¿Quién va?	
	Alto ahí... ¿Quién es?	
Froilán:	Silencio.	
Carcel.:	¡Ah! ¿Sois vos, padre Froilán?	
Inés:	¡Froilán...! ¡Oh, cielos...! ¡Que libre	85
	ni aun aquí me ha de dejar!	

FROILÁN: Márchate... Déjanos solos.
           Nadie entre aquí.
CARCEL.:   Bien está. *(Vase)*.

Escena 3

INÉS. FROILÁN

FROILÁN: Hela allí... ¡Cuál está!
INÉS: ¿Con mis tormentos
           venís, hombre cruel, a recrearos?   90
           ¿O bastantes no son, que ansiáis, inicuo[205],
           con vuestro odioso aspecto acrecentarlos?
FROILÁN: ¡Desdichada...! Mis iras no provoques
           cuando ya solo aquí piadoso bajo.
INÉS: ¡Piadoso vos!
FROILÁN: ¿Lo dudas?
INÉS: ¿Yo...? Miradme,   95
           miradme y responded.
FROILÁN: ¡Ah! Sí..., me espanto
           de mi propia maldad... Yo soy un monstruo.
           Perdona, Inés.
INÉS: ¡Perdón!
FROILÁN: Tus males causo,
           infeliz, y una lágrima que viertas
           cae pesada aquí y hace pedazos   100
           mi triste corazón.
INÉS: Mentís.
FROILÁN: ¡Me culpas!

---

205   *Inicuo*: malvado.

| | Culpa solo el amor en que me abraso.
| Inés: | ¡Amor horrible!
| Froilán: | Sí... Como tú misma
yo me horrorizo de él... Amor infausto
que aborrezco y maldigo... Un tiempo fuera   105
que dichoso viví, solo buscando
ya de envidiada ciencia el gran tesoro,
ya de fama inmortal el noble lauro[206].
Te vi..., todo cesó. Dime: ¿qué hiciste,
que en otro ser así me has transformado?   110
Estas fieras pasiones que aquí dentro
luchan embravecidas y al nefando
crimen[207] me arrastran, ¿do se hallaban? ¿Cómo
a tu solo mirar en mí estallaron?
¿Y cuál es tu poder, que desde el cielo   115
a la región precita[208] me has echado?
Luché..., me resistí..., tú no lo ignoras.
¡Inútil batallar! Solo combato
para ser más vencido... Presa horrible
de algún genio maléfico encargado   120
de mi condenación, ya abierto miro
el infierno a mis pies, y en él me lanzo.
| Inés: | ¡Ah! ¡Me dais compasión...! Si a tanto precio
venganza he de encontrar, yo la rechazo.
| Froilán: | ¿Qué oigo...? ¡Oh, ventura! ¿Conque al fin ya pudo   125
una voz de piedad mover tus labios?
| Inés: | ¿Soy cruel como vos?
| Froilán: | ¡Ah! Tú no sabes
qué atroz, qué horrible la existencia arrastro.
Los males que tú sufres, yo los sufro

---

206 *Lauro*: alabanza, gloria.
207 *Nefando crimen*: crimen horrible, repugnante. Se refiere a la pasión que siente por Inés, impropia en un clérigo, que le ha llevado a acusar en falso a la joven, condenada a morir en la hoguera por hechizar al rey.
208 *Región precita*: el infierno.

	más crueles mil veces, más amargos;	130
	que en la inocencia, tú consuelo encuentras,	
	nuevo verdugo con el crimen hallo.	
Inés:	Sed piadoso una vez... Romped mis hierros,	
	y entonces juro...	
Froilán:	¿Qué?	
Inés:	Juro no odiaros.	
Froilán:	¿Eso no más...? Escucha: yo tan solo	135
	te puedo libertar: lo quiero, lo ansío	
	y a ejecutarlo vengo.	
Inés:	¡Ay! ¿Es posible?	
Froilán:	Sí; mas de este favor un premio aguardo.	
Inés:	¿Cuál?	
Froilán:	¿Lo debo decir?	
Inés:	Entiendo... Nunca.	
Froilán:	¿Nunca...? Piénsalo bien.	
Inés:	Ya lo he pensado[209].	140
Froilán:	¡Siempre otro afecto tu razón ofusca!	
Inés:	¡Y siempre vos me estáis atormentando!	
Froilán:	De un amante vulgar, dime, ¿qué esperas?	
	Solo inconstancia, olvido, eterno llanto	
	e indeleble baldón[210]; vil instrumento	145
	de algunos días de placer, acaso	
	para él serías y, cual mueble inútil,	
	logrado el torpe fin, luego arrojado[211].	
Inés:	¡Oh! *(Con horror).*	
Froilán:	¡Cuál otro es mi amor! A par que ardiente,	
	firme le probarás; sí, cuando te amo	150
	es por la vida; por la vida juro	
	a tus plantas estar rendido, esclavo.	

---

209 Inés se niega a conceder sus favores a Froilán y renuncia, por tanto, a la última oportunidad de conseguir la libertad que este le brinda.
210 *Indeleble baldón*: injuria o afrenta imborrable.
211 Ap.: [Florencio]*con sortija* y [carcelero] *foro izquierda.*

	¿Qué no haré yo por ti? ¿Quieres riquezas?	
	Habla, y tantas tendrás que en lujo, en fasto	
	te envidien esas damas que orgullosas	155
	ostentan su beldad en los palacios.	
	¿Quieres gozar placeres? Los placeres	
	te seguirán doquier...	
INÉS:	Ea[212], apartaos:	
	huid lejos de mí... Vuestras ofertas	
	horror me causan y os cansáis en vano.	160
	¿Veis ese calabozo oscuro, horrendo,	
	de suplicios mansión, del hombre espanto?	
	Otra estancia buscad más pavorosa,	
	tormentos inventad aun más extraños;	
	cielo, delicias para mí serían	165
	si al vivir con tal monstruo los comparo.	
	¿Qué más? La muerte que me espera es dulce	
	si me libra de vos.	
FROILÁN:	¿Qué has pronunciado?	
	¡La muerte...! Dime: ¿por ventura sabes	
	la muerte que va a ser? ¿Piensas acaso	170
	que es un morir común, de esos que suelen	
	repentinos herir, llegar callando,	
	que de esta vida al perdurable sueño	
	nos llevan sin sentir como al descanso?	
	No, no, que es un morir atroz, horrible,	175
	que lento y doloroso va llegando,	
	que todo nuestro ser destroza y hace,	
	para sufrir aun más, sufrir despacio.	
INÉS:	Callad... ¡Qué horror!	
FROILÁN:	Es el suplicio mismo	

---

212 *Ea:* interjección de ánimo.

	que el cielo en sus venganzas ha inventado;	180
	el mismo, sí, que en el profundo averno	
	los que Dios reprobó[213] sufren rabiando.	
Inés:	Pues bien, lo sufriré..., cortos instantes...	
	y por ello después la gloria aguardo.	
	Mas vos también lo sufriréis; y toda,	185
	toda una eternidad será, malvado.	
Froilán:	¡Horrible eternidad...! Mas yo la acepto	
	por un instante de tu amor en cambio.	
	Ámame y todo lo demás es nada;	
	y solo el recordar que me has amado	190
	de tanta dicha circundarme puede,	
	que el infierno tormentos busque en vano.	
	Tus odios temo nada más; por ellos	
	soy crüel cual me ves y soy culpado.	
	Sálvame, por piedad, de este delirio;	195
	sálvate a ti de mi furor insano.	
	A tus plantas postrado te lo ruego: *(se arroja al suelo)*	
	sí, yo las baño con acerbo llanto.	
	Ten de mí compasión y de ti misma:	
	mira que juntos nos perdemos ambos.	200
Inés:	Alzad... ¿Qué es lo que hacéis? ¡Cómo! ¡El verdugo	
	a los pies de la víctima...! ¿Es escarnio?	
	¿Es delirio...? Mas no..., castigo es solo	
	del cielo vengador... En tal estado	
	¡yo triunfo y vos la criminosa frente	205
	en el polvo ocultáis! ¡Digno salario	
	debido a la maldad! Alzad, os digo:	
	donde no os vuelva a ver id, ocultaos.	
	Dejadme a mí morir, que de mi muerte	

---

213 *Reprobar*: dar por malo.

	ya en vuestro corazón lleváis el pago.	210
Froilán:	¿Sí...? Ya te dejo... Adiós... Pues tú lo quieres, sea..., tú morirás... Mas si has pensado que sola has de morir, te engañas, necia, que otro también te seguirá al cadalso.	
Inés:	¡Ay...! ¿Quién?	
Froilán:	¿No lo adivinas?	
Inés:	¡Dios! ¿Florencio?	215
Froilán:	Ese mismo.	
Inés:	¡Piedad!	
Froilán:	¡Venganza...! Entrambos, entrambos moriréis.	
Inés:	¡Ah! ¡Que esa herida hasta el fondo del pecho me ha llegado! ¡Florencio!	
Froilán:	No le llames, no, que pronto le volverás a ver.	
Inés:	¿Sí...? ¿Dónde...? ¿Cuándo?	220
Froilán:	¿Dónde? En la hoguera.	
Inés:	¡Compasión!	
Froilán:	En ella la interrumpida unión podréis ufanos por siempre renovar... Fieles amantes, ese lecho nupcial, ese os preparo. *(Vase)*.	

Escena 4

Inés:	¡Ah...! ¿No basta a tu furor que en mí tu venganza cebes[214]?	225

---

214 *Cebar*: alimentar o fomentar una pasión, en este caso la venganza.

¡A hundir el puñal te atreves
en la prenda de mi amor!
Sin desmayar, sin temor
oí mi cruda sentencia: 230
a su bárbara violencia
serena entregarme espero.
Mas para golpe tan fiero
no tengo, no, resistencia.
¡Dios mío! Mírame aquí 235
humillada en tu presencia:
¡ah!, yo imploro tu clemencia,
mas no la imploro por mí.
Si alguna vez te ofendí
sufra yo sola el castigo: 240
tu cólera yo bendigo
si a mí solamente alcanza.
Pero es sobrada venganza
perder a mi bien conmigo.
Mi destino aparecer 245
fue en el mundo un solo instante
y unir, cual rosa fragante,
el morir con el nacer.
Ve la tarde perecer
flor que la aurora vio abrir; 250
y en tan rápido existir,
esta corta y triste vida
solo me fue concedida,
¡ay!, para amar y sufrir.
Florencio, dueño adorado, 255
yo soy, yo, quien te asesino.

				Fatal te fue mi destino;
				¿por qué, por qué me has amado?
				Te prometí, desdichado,
				suerte de amor placentera: 260
				te engañé; solo te diera
				en premio de tu pasión
				por palacio una prisión
				y por tálamo una hoguera.
				Perona, mi bien, perdona, 265
				y no culpes a mi amor;
				son mi desdicha mayor
				los males que te ocasiona.
				Otro premio, otra corona
				te quise yo reservar; 270
				mas si no logró alcanzar
				tamaño bien[215] nuestro anhelo,
				no importa, que allá en el cielo
				aún nos podremos amar.

Escena 5

Inés. Florencio. *El* carcelero

Carcel.: Venid... Allí está. *(A* Florencio*)*.
                    ¡Florencio! 275
Florencio: ¡Inés...! ¡Y te vuelvo a ver! *(Se abrazan)*.
Inés: ¡Ah! ¡Fallezco de placer!
Florencio: ¡Dueño adorado![216]
Carcel.:   Silencio.

---

215 Se refiere a la felicidad de compartir la vida con amor, bien del que se ven definitivamente privados los amantes al haber rechazado Inés a Froilán.
216 Modo como se denomina a la mujer amada en la lírica amorosa.

	Hablar bajo es menester.	
Florencio:	Contenerme no me es dado...	280
Carcel.:	Pues volved a la prisión.	
Inés:	¡Arrancarle de mi lado!	
	Primero me haréis, malvado,	
	pedazos el corazón.	
Carcel.:	¡Buena la hicimos por cierto!	285
	¡Y tened luego piedad!	
	Reniego de mi bondad.	

(El carcelero *se va, dejando solos a* Inés *y* Florencio).

Florencio:	¿Estoy dormido o despierto?	
	¿Es ilusión? ¿Es verdad?	
	¡Inés, Inés en mis brazos!	290
Inés:	Sí, mírame junto a ti.	
	Ven y estrechemos aquí	
	tan dulces y tiernos lazos.	
	Ven, ven, más cerca de mí.	
Florencio:	Deja que de esa mirada	295
	me abrase el süave ardor;	
	deja que aspire el olor	
	de tu boca perfumada,	
	y más me embriague de amor;	
	deja contemple otra vez	300
	esa divina hermosura;	
	que aunque tanta lobreguez[217]	
	ocultármela procura,	
	puede más su brillantez.	
	En vano el dolor pretende	305
	tan bella flor marchitar;	

---

217 *Lobreguez*: oscuridad, tristeza.

                    que en el que bien sabe amar
                    aún más su pasión enciende
                    la hermosura del pesar.
                    Llega, llega[218], Inés, y pon   310
                    tu mano en el corazón:
                    ¿ves cuál late enamorado?
                    Pues de hacerlo no ha dejado
                    por ti en tan larga prisión.
Inés: Esa confianza, mi bien,   315
                    en medio la pena mía,
                    fue de mi vida el sostén;
                    si pienso en él, me decía,
                    él en mí piensa también;
                    si sufro yo por sus males,   320
                    él por los míos padece;
                    o más bien en penas tales,
                    amor consuelos iguales
                    benigno a los dos ofrece.
                    Esta prisión horrorosa   325
                    do paso tan tristes días,
                    la imaginé, ¿lo creerías?,
                    tal vez mansión deliciosa
                    porque en ella tú vivías.
                    En sus muros denegridos   330
                    viérasme siempre aplicar
                    con triste afán los oídos,
                    por si lograba escuchar
                    tus ayes y tus gemidos.
                    Mil veces yo les conté   335
                    mi pasión, mi pena fiera;

---

218 *Llegar*: acercarse.

	porque en mi vana quimera	
	la dura piedra, pensé,	
	repetírtelas pudiera.	
	Otros días más serenos	340
	no le pedía tu Inés	
	al cielo de gozo lleno,	
	sino una vez a lo menos	
	mirarte y morir después.	
FLORENCIO:	¡Tú morir, tú, vida mía!	345
	¡Oh, qué pensamiento atroz!	
	¿Quién sentenciarte osaría?	
	¿Dónde está el hombre feroz	
	que asesinarte podría?	
	Mas ¿qué digo? ¿Por ventura	350
	adonde[219] me encuentro olvido?	
	Jamás aquí la impostura[220]	
	en su rabia ha conocido	
	ni juventud ni hermosura[221].	
	Cuanto es mayor la inocencia	355
	más su víctima reclama:	
	ya dictó nuestra sentencia;	
	y solo en la ardiente llama,	
	allí hallaremos clemencia[222].	
INÉS:	Ya la dictó: si dudar	360
	un solo instante pudiera	
	no faltó con rabia fiera	
	quien por solo atormentar	
	a anunciármela viniera.	
FLORENCIO:	¿Quién?	

---

219 De nuevo así en el original, por *donde*.
220 *Impostura*: acusación falsa, engaño.
221 Se refiere Florencio a la Inquisición, cuyo veredicto no modifican ni aplazan la juventud o la belleza de sus víctimas.
222 *Ap.*: [carcelero] *foro izquierda. A la decoración completa* [actores], *catorce hombres y mujeres del pueblo y dos chicos aparecen. Tahona izquierda arriba.* [Actor] *con bolsillo y* [actor] *izquierda arriba.*

Inés:	¿Lo ignoras?	
Florencio:	¡Hombre odioso!	365
Inés:	Habrá muy cortos instantes	
	que aquí se hallaba furioso.	
Florencio:	¿Qué dices? ¡Dios poderoso!	
	¡Y no pude llegar antes!	
Inés:	Aquí de su impuro amor	370
	osó pintarme el ardor;	
	y aun con fiera complacencia	
	de mi suplicio el horror,	
	por vencer mi resistencia.	
	¡Vencerme! ¡Vanos intentos!	375
	No, mi flaqueza no es tanta:	
	para sufrir tengo alientos.	
	Mucho más que los tormentos	
	su odiosa pasión me espanta.	
Florencio:	¡Oh, valerosa mujer!	380
	Tú alientas mi pecho amante;	
	mas si víctima has de ser,	
	no tengo valor bastante	
	para verte padecer.	
	En una hoguera fatal...[223]	385
	¡Oh, cielos! ¡Yo me estremezco!	
	No, mujer angelical,	
	no será: librarte ofrezco	
	de ese suplicio infernal,	
Inés:	¡Cómo...! ¿Tú?	
Florencio:	¿Tendrás valor?	390
Inés:	¿Pudiera faltarme al verte?	
Florencio:	Mira que en tanto dolor,	

---

[223] *Fatal:* inaplazable, inevitable.

	último don de mi amor	
	será tan solo la muerte.	
Inés:	Yo con placer la recibo	395
	de ti, por quien solo vivo.	
Florencio:	Este anillo que aquí ves,	
	en sus entrañas, Inés,	
	recela[224] un veneno activo.	
Inés:	Dámelo luego... Morir	400
	mi aciago destino es ya;	
	pero al dejar de existir,	
	al menos el no sufrir	
	tu esposa te deberá.	
Florencio:	Sí, mi Inés; y mil delicias	405
	aun al morir probaremos:	
	hasta expirar nos veremos;	
	y entre amorosas caricias	
	abrazados moriremos.	
	Mis labios recogerán	410
	ansiosos tu último aliento	
	cuando el mío exhalarán,	
	y unidas al firmamento	
	nuestras almas subirán.	
	Vengan después los malvados,	415
	de mil suplicios armados;	
	y en su despecho impotente,	
	en restos inanimados	
	ejerzan su saña ardiente[225].	
	Al ver burlado su anhelo	420
	temblarán, sí, de furor;	
	y nosotros, sin recelo,	

---

224 *Recelar*: guardar un secreto, en este caso el veneno.
225 Obsérvese la detenida y morbosa narración de la muerte que esperan los protagonistas. Su actitud ante ella es la de dos amantes que conseguirán, al fin, su propósito de estar unidos en cuerpo y alma.

| | gozaremos desde el cielo | |
| | de su rabioso dolor. | |

Inés: Dame el veneno..., ¿qué tardas? 425
Tal vez la ocasión perdemos
si solo un instante aguardas.

Florencio: Pues primero yo...

(Saca el anillo del dedo, lo abre y lo aplica a los labios. En este instante Inés, *como herida de otra idea, le detiene asiéndole del brazo).*

Inés: ¿Qué hacemos?
No..., detente.

Florencio: ¿Te acobardas?

Inés: ¿Yo acobardarme...? Jamás: 430
no es el temor de la muerte,
es el temor de perderte.

Florencio: ¡Ah! Siempre me perderás,
que así lo manda la suerte.

Inés: En este mundo de horror; 435
mas reunirnos debemos
en otro mundo mejor,
y amarnos allí podremos
con puro y eterno amor.
Esta halagüeña esperanza[226] 440
me da en mis males aliento;
pero, ¡ay!, el celeste asiento[227]
solo la virtud le alcanza,
y es criminal nuestro intento.
Suframos, mi bien, suframos: 445
¿qué importa un hora sufrir
si siempre puros quedamos,
y así felices logramos

---

226 *Halagüeña esperanza*: expectativa dulce y deseada.
227 *Celeste asiento*: lugar en el cielo. Inés recuerda a Florencio que quitarse la vida les privará de la salvación.

　　　　　　　al trono de Dios subir?
　　　　　　　¿Temes falte resistencia 450
　　　　　　　a esta mujer a quien amas?
　　　　　　　No, que al sufrir mi sentencia
　　　　　　　me verás en tu presencia
　　　　　　　sonreír entre las llamas.
　　　　　　　Fija los ojos en mí; 455
　　　　　　　que sin dejar de mirarte
　　　　　　　tú me escucharás allí
　　　　　　　con firme voz darte el sí
　　　　　　　que en el altar debí darte.
　　　　　　　De los hombres a despecho[228] 460
　　　　　　　templo la hoguera será,
　　　　　　　o de rosas blando lecho,
　　　　　　　donde al fin en lazo estrecho
　　　　　　　nuestra unión se cumplirá;
　　　　　　　y en vez de que al expirar 465
　　　　　　　nuestros amores se acaben,
　　　　　　　se verán acrecentar
　　　　　　　de cuanto los cielos saben
　　　　　　　más que los hombres amar.
Florencio:　　¡Oh, Dios...! ¿Y es una mujer 470
　　　　　　　quien con tal valor se explica?
　　　　　　　No, no; que en ti pienso ver
　　　　　　　un ángel que purifica
　　　　　　　con su hablar todo mi ser.
　　　　　　　Al escucharte ya siento 475
　　　　　　　centuplicado mi aliento:
　　　　　　　vengan los suplicios, pues,
　　　　　　　que para mí no hay tormento

---

[228] *A despecho*: a pesar de.

	si me hallo a tu lado, Inés.	
	Este veneno aliviara	480
	nuestro sufrir, es verdad;	
	mas por siempre nos separa,	
	y el suplicio nos prepara	
	de unión una eternidad.	
	Pues bien, no lo necesito:	485

(arroja de sí el anillo)

	dígase que nos mató	
	de los hombres el delito,	
	mas nuestro delito no,	
Inés:	Ahora, Florencio, eres mío	
	por siempre, por siempre, sí.	490
	¿No te sientes otro, di?	
	¿No te parece tardío	
	el suplicio como a mí?	
	¡Y pensaban separarnos	
	los viles! ¡Qué necios son!	495
	Con su dañada intención	
	logran solo prepararnos	
	más firme y eterna unión.	

(Sale el carcelero*)*.

Carcel.:	Amiguito, luego, luego	
	a vuestro encierro venid.	500
Florencio:	Un instante más os ruego.	
Carcel.:	No puede ser, que en Madrid	
	de sedición[229] arde el fuego.	
Florencio:	¿Qué decís?	

---

229 *Sedición*: sublevación violenta y colectiva.

CARCEL.:   Una asonada[230]
                  ha estallado de repente.   505
                  A voces pide la gente
                  ver la cabeza cortada
                  de Oropesa el presidente.
                  Alborotados están
                  los chulos[231] porque hace días   510
                  que en la corte falta el pan.
FLORENCIO: Del francés más bien serán
                  traiciones y villanías[232].
CARCEL.:   Yo no lo sé, ni me importa.
                  Basta de conversación.   515
INÉS: ¡Bastar, y ha sido tan corta!
CARCEL.:   Pues me gusta la aprensión[233].
                  ¿Quién vuestra charla soporta?
                  Nunca se cansan de hablar
                  los maldecidos amantes.   520
FLORENCIO: Aguardad pocos instantes.
CARCEL.:   Ni un minuto: ya marchar
                  os debéis antes con antes[234].
                  ¿Me queréis comprometer?
FLORENCIO: Eso no.
Carcel.:   Pues bien, venid.   525
INÉS: Otra vez nos permitid
                  que nos volvamos a ver.
CARCEL.:   Bueno..., sí..., pero salid
                  ahora.

---

230   El motín al que se refiere el carcelero es el que anunciaba Harcourt en el acto I. Las malas cosechas y la carestía de los alimentos provocan revueltas que, convenientemente dirigidas por el bando partidario del candidato francés, originan el motín popular que asalta e incendia el palacio de Oropesa, efectivamente, en abril de 1699.
231   *Chulos*: personas pertenecientes a las clases populares de Madrid.
232   Sugiere Florencio que la revuelta haya empezado a instancias del embajador francés, como, en efecto ocurrió.
233   *Aprensión*: opinión, idea infundada.
234   *Antes con antes*: inmediatamente.

FLORENCIO: No puede ser.
CARCEL.:   ¡Qué pesadez...! Ea, vamos.   530
INÉS: ¡Dueño mío!

(Corriendo hacia FLORENCIO).

CARCEL.:   ¡También vos!
FLORENCIO: Abrázame. *(A INÉS).*
CARCELERO: ¡Voto a bríos![235]
INÉS: ¡Ah! ¡Mi bien!
CARCEL.:   Buenos estamos.
     Venid pues.

(Se pone entre los dos y los separa).

INÉS: Adiós.
FLORENCIO: Adiós.

ESCENA 6

La escena cambia a la vista y representa una plaza. En el foro está el palacio del CONDE DE OROPESA. A los lados se ven el despacho de un TAHONERO[236], la tienda de un ARMERO y una taberna. Multitud de gentes están amontonadas delante de la tahona esperando su turno para alcanzar pan; grande agitación entre ellas, con muestras de impaciencia y de cólera; unas a otras se procuran quitar el puesto, empujándose y gritando.

HOMBRES Y MUJERES DEL PUEBLO. *El* TREMENDO. *Dos* AGENTES *del motín*. *Un* CRIADO *del* CONDE DE OROPESA. *Un* TAHONERO. *Un* ARMERO. *Un* TABERNERO. MUCHACHOS. *Un* ALGUACIL

Todos estos personajes salen y entran conforme lo va marcando el diálogo.

---

235 *¡Voto a bríos!*: interjección popular que sustituye al juramento por Dios para evitar mencionarle.
236 *Tahonero*: panadero.

H. 1º:	Venga una hogaza²³⁷	
MUJER 1ª:	Dos panes.	535
H. 2º:	Despache usted.	
TAHONERO:	Yo no puedo dar a todos a la vez.	
H. 1º:	Hace tres horas que espero.	
MUJER 1ª:	Yo más de cinco.	
TAHONERO:	Tomad.	

(Da a los dos primeros).

H. 2º:	A mí.	
MUJER 2ª:	A mí.	
TAHONERO:	Cachaza²³⁸.	
H. 3º:	Quedo²³⁹.	540

(Los dos que han tomado pan hacen esfuerzos para salir).

No hay que empujar.
H. 2º: Atrás.

(Quiere pasar por entre los que están delante).

MUJER 2º: ¡Bruto!
Me ha dado un golpe en el pecho.
VARIOS: ¡Fuera! ¡Fuera!

(Se arremolinan todos y echan fuera del corro al HOMBRE 2º. Sale un MUCHACHO con pan de entre la gente).

MUCH. 1º: Ya pesqué
H. 2º: ¿Tú...? Dámelo.
MUCH. 1º: ¡Pues...! No quiero.
H. 2º: Lo has robado.
MUCH. 2º: ¿Yo?

---

237 *Hogaza*: pan grande y rústico.
238 *Cachaza*: lentitud. Calma.
239 *Quedo*: poco a poco, despacio.

HOMBRE 2º: Tunante[240].   545
(*Le quiere quitar el pan*).

MUCH. 1º: ¡Favor! ¡Favor!
H. 3º: Cepos quedos[241], tío Remellado[242].

(*Se pone entre los dos*).

H. 2º: Si es que...
H. 3º: ¡Eh...! Deje a ese chico quieto.

(*Le da un empujón que le hace casi caer*).

H. 2º: ¡Haya bárbaro!
H. 3º: Aquí nadie es más que nadie... A su puesto;   550
y a quien se la diere Dios,
bendígasela San Pedro[243].

(*Salen los dos* AGENTES *del motín y se quedan a un lado hablando, mientras los del pueblo siguen empujándose unos a otros delante de la tahona*).

AGENTE 1º: Mirad otro corro aquí.
AGENTE 2º: Esto va tomando cuerpo.
AGENTE 1º: La mina reventará[244].   555
AGENTE 2º: No hay más que aplicar el fuego.
AGENTE 1º: Al fin se saldrá el francés con la suya.

---

240 *Tunante*: bribón, pícaro.
241 En su *Antología de prosistas castellanos*, R. Menéndez Pidal anota, a propósito del *Quijote*: «¡*Cepos quedos!* es expresión del lenguaje truhanesco y carcelario; voz dirigida al criminal que remueve el cepo tratando de huir» (Madrid, Imprenta Clásica Española, 1917, 2ª ed., p. 260).
242 *Tío Remellado*: expresión popular para dirigirse a una persona a la que se quiere insultar por faltarle un ojo o algún diente.
243 Variante del refrán *A quien Dios se la dio, san Pedro se la bendiga*, presente en el *Quijote* (I, 45), que expresa la necesidad de aceptar lo que ya ha ocurrido, los hechos consumados.
244 La revuelta va a estallar violentamente, como lo haría una mina repleta de explosivos.

Agente 2º:	Así lo creo.
Agente 1º:	Quedad vos en este sitio: yo hago falta en otro.
Agente 2º:	Bueno. 560
	¿El santo[245]?
Agente 1º:	Borbón y España.
Agente 2º:	¿La reunión?
Agente 1º:	Los consejos.
Agente 2º:	¿El grito?
Agente 1º:	Muera Oropesa.
Agente 2º:	Y ¿viva el rey?
Agente 1º:	Por supuesto.

(*Vase el* AGENTE 1º).

Tahon.:	Ya no hay más.
Varios:	¡Cómo...! ¿Y nosotros? 565
Tahon.:	Mañana.
Todos:	¡Mañana! ¡Perro!

(*El* TAHONERO *cierra la ventanilla*).

H. 3º:	¡Y ha cerrado!
Varios:	Apedrearle.
	la casa.
Todos:	Sí.
H. 3º:	Allá va eso.

(*Tira una piedra*).

Varios:	¡Pícaro...! ¡Ladrón...! ¡Judío!

(*Tirando piedras a la casa*).

---

245 *Santo*: nombre que, junto a una seña, sirve para reconocer a alguien como amigo en una escaramuza o aventura.

Much. 2º:	Rompile un vidrio.	
Mujer 2ª:	Bien hecho.	570
H. 1º:	Será preciso colgarle del balcón.	
Mujer 2ª:	Para escarmiento de sus iguales.	
Todos:	Sí, vamos[246].	

(Se abalanzan a la puerta. Sale un ALGUACIL[247] *y se coloca entre ellos, deteniéndolos.)*

Alguacil:	¡Hola! ¿Qué gritos son estos?	
	¡A la cárcel! ¡A la cárcel!	575
Mujer 1ª:	Fuera de aquí el estafermo[248].	
Alguacil:	¡Yo estafermo...! A la galera[249].	
Mujer 1ª:	¿A quién? ¿A mí...? Ya lo veo.	
Alguacil:	Yo haré...	
Varios:	¡Matarle!	
Otros:	¡Matarle!	
Alguacil:	¡Favor al rey! *(Echa a correr).*	
Agente 2º:	Deteneos.	580
	No un despreciable alguacil,	
	no un mísero tahonero	
	de nuestro justo furor	
	hoy deben ser el objeto.	
	Los que causan nuestros males,	585
	esos castigar debemos;	
	los viles cuya codicia	
	con la miseria del pueblo	
	trafica, y llena sus cofres	

---

246 *Ap.: va oscureciendo.*
247 *Alguacil*: oficial de justicia que ejecuta las órdenes de un tribunal.
248 *Estafermo*: persona que no actúa, que se muestra embobada o ausente. En origen era un muñeco de madera que se utilizaba en la Edad Media para el entrenamiento de los caballeros. Aquí se utiliza en sentido despectivo para insultar al alguacil.
249 *Galera*: embarcación de vela y remo. Ciertos crímenes eran condenados a pena de servir remando en galeras reales.

	quitándonos el sustento;	590
	los que engañando al monarca...	
Todos:	Tiene razón: esos, esos.	
Agente 2°:	Diez años ha que Oropesa	
	abusa del sufrimiento	
	de esta nación: ¿hasta cuándo	595
	nos ha de tener opresos?	
Varios:	¡Que muera Oropesa!	
Todos:	¡Muera!	
Varios:	Es preciso le arrastremos.	
Todos:	A su casa.	
Agente 2°:	Vedla allí.	
H. 3°:	¡Qué palacio tan soberbio!	600
H. 2°:	Es el sudor de los pobres.	
Varios:	¡A asaltarla!	
Otros:	¡A darle fuego!	
Voces dentro:	¡Muera Oropesa!	
Varios:	¿Qué voces...?	
Voces dentro:	¡Muera! ¡Muera!	
H. 3°:	Es el Tremendo	
	que viene aquí con la gente	605
	de los barrios.	
H. 1°:	Buen refuerzo.	
	Ya tenemos jefe.	
Todos:	¡Viva!	
	¡Viva el guapo!250	

(*Sale el* Tremendo *con una turba*251 *de* hombres, mujeres *y* muchachos *armados de palos, espadas, lanzas, mosquetes*252*, escudos y toda clase de armas*).

| Trem.: | Compañeros: |

---

250 *Ap.: oscuro*.
251 *Turba*: muchedumbre desordenada.
252 *Mosquete*: arma de fuego antigua, más larga y de mayor calibre que el fusil.

	esa es la casa. Vosotros, ¿por quién estáis?	
Varios:	Somos vuestros.	610
Trem.:	Pues ¿qué hacéis así sin armas?	
H. 3°:	¿Qué armas...? Si no las tenemos.	
Trem.:	¿Eso, cobardes, decís, habiendo en Madrid armeros?[253] Ahí tenéis uno.	
H. 1°:	Es verdad: no está mal pensado.	615
Varios:	Entremos.	
Trem.:	Tomad mosquetes, espadas, picas, dagas, todo es bueno. Vosotros, id a encender unas hachas.	

(*Entran unos en casa del* Armero *y otros se van, volviendo luego con hachas encendidas*).

Agente 2:	Tabernero: una mesa, jarros, vasos y vino abundante... Luego[254]. Tráelo aquí fuera.	620
Taber.:	¿Quién paga?	
Agente 2°:	¿Quién ha de ser? El dinero.	
Taber.:	Y ¿dónde se halla?	
Agente 2°:	Ahí le tienes.	625

(*Le tira un bolsillo. El* tabernero *lo recoge y mira*).

Taber.:	¡Cáspita...![255] ¿Y oro...? Al momento.
Trem.:	¿Y bien, muchachos?

---

253 *Ap.: prevenidos para abrir los balcones del foro y [criado] con escopeta en él.*
254 *Luego*: pronto, rápidamente.
255 *¡Cáspita!*: interjección que denota extrañeza.

(Salen armados los que entraron en casa del ARMERO: *este sale también corriendo detrás de ellos)*[256].

Varios:	Ya estamos.
Armero:	¡Ladrones...! Dejad.
Trem.:	¿Qué es eso?
H. 3°:	Este bribón, que no quiere dar las armas: si le pego un... 630
Armero:	Me dejan arruinado.
Trem.:	Buen hombre, las volveremos.
Armero:	¡Sí, volver!
Trem.:	Y sobre todo es la voluntad del pueblo.

(Mientras se dicen los versos anteriores, el TABERNERO *habrá sacado una mesa y colocado en ella jarras y vasos).*

Agente 2°:	Amigos, echad un trago. 635
Trem.:	Bien pensado: remojemos la palabra[257].
Agente 2°:	No hay que andarse con melindres[258]: vaso lleno, y hasta verte, Jesús mío[259].
Trem.:	A que duerma en los infiernos 640 esta noche el Oropesa.
Varios:	Eso sí: que duerma en ellos. *(Beben todos).*
Trem.:	Muchachos, ea, al avío[260]. Vamos.
Agente 2°:	A la casa.
Todos:	Entremos.
H. 1°:	Han atrancado la puerta. 645
Varios:	Abajo con ella.

---

256 *Ap.: los que entran y [armero] irrumpen con hachas.*
257 *Ap.: prevenidos vidrios, golpes y fuego en la casa, foro. Prevenido foro derecha*
258 *Andarse con melindres*: adoptar modos afectados, excesivamente delicados.
259 *Hasta verte, Jesús mío*: expresión para despedirse de alguien al que no se sabe si se volverá a ver.
260 *Al avío*: interjección para animar a cumplir rápidamente con una obligación.

TREM.:   Quedos[261].
Nadie me quite la gloria
de dar el golpe primero.
Allá va... Mucho resiste.

(Con el hacha que tiene en la mano da varios golpes)[262].

H. 3º: ¡Eh! Cuidado, que han abierto   650
los balcones.

(Se abre un balcón y el CRIADO *del* CONDE *sale con una escopeta).*

CRIADO: Al más guapo.
A ti, Tremendo, este obsequio. *(Dispara).*
TREM.:   Apunta otra vez mejor.
UN VIEJO: ¡Ay! *(Cae herido).*
TREM.:   ¿Qué ha sucedido?
H. 1º: El tío Crespo.
H. 2º: Le ha muerto.
MUJER 2ª: Y ¡deja seis hijos!   655
VARIOS: ¡Venganza!
OTROS: ¡Venganza!
TODOS: A ellos[263].

(Se abalanzan todos a la puerta y la echan abajo a golpes de hacha).

H. 1º: Ya cayó.
H. 3º: Adentro.
TREM.:   Aguardaos[264].
Antes de entrar os advierto
no hay que robar ni tan solo
una hilacha[265]... Todo al fuego.   660
TODOS: Sí..., todo.

---

261   *Quedo*: poco a poco, despacio; en voz baja.
262   *Ap.: abren el balcón, foro.*
263   *Ap.: cae la puerta.*
264   *Aguardarse*: detenerse, esperar.
265   *Hilacha*: pequeña porción de algo; resto, residuo.

Trem.:	Si pillo a alguno
	en un renuncio²⁶⁶, los sesos
	le he de aplastar con esta hacha.
	¿Lo entendéis?
Todos:	Sí.
Trem.:	Pues entremos.

(Entran la mayor parte en la casa. Arrojan trastos por los balcones y prenden fuego al edificio, que arde por dentro. Otros se quedan en la escena y el hombre 2° *los va llamando y reuniendo para formar corro en el proscenio. Habrá empezado a anochecer durante los versos anteriores y ya estará el teatro casi a oscuras).*

H. 2°:	Oye..., tú... y tú..., venid.	665
H. 4°:	¿Qué quieres?	
H. 2°:	Tengo un proyecto.	
H. 4°:	¿Cuál es?	
H. 2°:	Llegad... A nosotros	
	¿qué nos importa todo esto?	
	Que mande Oropesa o no,	
	siempre lo mismo estaremos.	670
Mujer 2ª:	Es verdad.	
H. 4°:	Pero con todo,	
	se puede a río revuelto...²⁶⁷	
H. 2°:	A eso vamos... ¿Tú no tienes	
	a tu padre en un encierro	
	de la Inquisición?²⁶⁸	
H. 4°:	Sí.	
Mujer 2ª:	Y yo	675
	también a mi madre tengo.	
H. 2°:	Y yo un hermano.	
Mujer 1ª:	Y yo un hijo.	

---

266 *Pillar a alguien en un renuncio*: sorprender a alguien haciendo lo que no debe o incurriendo en contradicción.

267 *A río revuelto, ganancia de pescadores*: refrán para señalar que siempre hay quien obtiene algún beneficio de la confusión general, en este caso de la revuelta contra Oropesa.

268 *Ap.: vidrios y golpes y fuego, dentro.*

| H. 2°: | ¿Querréis por ventura verlos achicharrados? |
| Varios: | No... No. |
| H. 2°: | Saquemos algún provecho   680
de este motín... Ya es de noche;
algunos más de los nuestros
podemos juntar y todos,
así como asaltan esos
el palacio de Oropesa,   685
la Inquisición asaltemos. |
Varios:	Sí... Sí... Vamos.
H. 4°:	A la obra.
H. 2°:	Venid: no hay que perder tiempo.

(*Se va y salen los que habían entrado en la casa*).

Trem.:	El bribón logró escaparse.
H. 3°:	No importa, le alcanzaremos. 690
Agente:	Vamos ahora a palacio.
Trem.:	A palacio.
H. 3°:	¿Con qué objeto?
Agente:	A pedir que expida[269] el rey
de su prisión el decreto.

(*Salen otros de la casa sacando preso al* criado *del* conde *que disparó el tiro*).

| H. 1°: | Aquí está. |
| Trem.: | ¿Quién? ¿Oropesa?   695 |
| H. 1°: | No, el del tiro: el que al tío Crespo
ha matado. |
| Voces: | ¡Muera! ¡Muera! |
| Trem.: | No, no... A juzgarle primero. |

---

269 *Expedir*: extender por escrito una orden.

	¿Quién eres?	
Criado:	Soy un criado del conde.	
Trem.:	¿No has hecho fuego contra nosotros?	700
Criado:	Sí, hice.	
Trem.:	¿Por qué?	
Criado:	Para defenderlo.	
Trem.:	Y ¿por qué le defendías?	
Criado:	¿Yo...? Por agradecimiento.	
Trem.:	¿Dónde está el conde?	
Criado:	Ya huyó.	705
Trem.:	¿Por qué sitio? Dilo luego.	
Criado:	¿Tengo facha[270] de traidor?	
Trem.:	¿Le seguías?	
Criado:	Pude hacerlo; pero no quise.	
Trem.:	¿A qué fin?	
Criado:	Con el fin de deteneros.	710
Trem.:	¿Luego te entregas por él?	
Criado:	Cumplo así con lo que debo.	
Trem.:	Bien... Escucha tu sentencia.	
Criado:	Ya la escucho.	
Trem.:	Estás absuelto.	
Varios:	¿Cómo?	
Trem.:	Es leal, es honrado: yo a tales hombres aprecio.	715
H. 1º:	Sí..., pero...	
Trem.:	Lo dicho, dicho: nadie replique.	

---

270 *Facha*: aspecto externo.

(Sale otro HOMBRE *de la casa del* CONDE *con un bolsillo*[271] *en la mano).*

H. 5º:	Tremendo,
	este bolsillo he encontrado.
TREM.:	¿Qué tiene?
H. 5º:	De oro está lleno[272]. 720
TREM.:	Quédate con la mitad;
	la otra mitad al armero:
	así quedará pagado
	el daño que le hemos hecho.
VOCES:	¡Viva el Tremendo!
H. 3º y 5º:	¡Que viva!, 725
	que es valiente y justiciero.
TREM.:	Ahora a palacio.
TODOS:	A palacio.
TREM.:	Ea, muchachos, marchemos.

(Se van por un lado y salen por el otro los que fueron a asaltar la Inquisición).

H. 2º:	¡Victoria, amigos, victoria!
	Bien logramos nuestro intento. 730
H. 4º:	Ardiendo la negra[273] está.
H. 2º:	Y ya escaparon los presos.
H. 4º:	Corramos, que nos persiguen
	los soldados,
H. 2º:	No haya miedo:
	son pocos; que aún no han podido 735
	llegar a Madrid los tercios[274]
	que se esperan.
H. 4º:	Sin embargo,
	huir será lo más cierto. *(Vanse corriendo).*

---

271 *Bolsillo*: bolsa o saco pequeño para el dinero.
272 *Ap.: primer aviso telón.*
273 Se refiere a los calabozos de la Inquisición.
274 *Tercios*: en los siglos XVI y XVII, regimiento de infantería española.

Escena 7

Inés. Florencio. *Luego un* oficial. *El* carcelero. Soldados

Florencio:	Ven, Inés, ven, vida mía.	
Inés:	Apenas seguirte puedo.	740
Florencio:	¡Qué inesperado socorro!	
Inés:	Sin duda lo mandó el cielo.	
Florencio:	Querrá salvar tu inocencia.	
Inés:	¿Dónde nos ocultaremos ahora?	
Florencio:	Dios nos guiará.	745
Inés:	Nadie querrá guarecernos.	
Florencio:	Lo que importa es alejarnos.	
Inés:	¡Ah!, que quizá ya no es tiempo: aquí llegan los soldados.	
Florencio:	Huyamos.	
Inés:	Me falta aliento.	750
Florencio:	¡Mal haya...![275]	

(Salen el carcelero, *el* oficial *y* soldados*).*

Carcel.:	Venid, venid. Esos son unos: prendedlos.
Florencio:	Primero me mataréis.
Oficial:	Soldados, a él.
Inés:	¡Florencio!

(Florencio *encuentra una espada en el suelo y se apodera de ella para defenderse contra los soldados, que le cercan y le hieren, dejándole tendido en tierra).*

---

275 *¡Mal haya...!*: locución para maldecir algo o a alguien.

Florencio:	Una espada encuentro aquí:	755
	acercaos, ya no os temo.	
	Inés, junto a mí.	
Inés:	¡Dios mío!	
	¡Piedad! ¡Piedad!	
Florencio:	¡Ah! Soy muerto.	
Inés:	¡Cielos...! Matadme también.	
Oficial:	Atadla: vuelva a su encierro.	760
Inés:	¡Bien mío! ¡Y le sobrevivo!	
	No puedo más..., ¡yo fallezco![276]	

(Cae desmayada en brazos de los soldados, que se la llevan).

---

[276] *Ap.: segundo aviso telón.*

Acto V

El teatro representa el Panteón de El Escorial[277]; hacia el proscenio habrá una mesita con una lámpara encendida.

Escena I

El prior *de El Escorial. Un* monje

El monje *trae una escribanía. El* prior *lleva un hacha encendida.*

Prior: Póngala en esa mesa... Bueno.

(*El* monje *coloca la escribanía en la mesa*).

Monje: ¿Falta alguna cosa más?
Prior: No.
Monje: ¡Yo me admiro! Nunca aquí se ha bajado...
Prior: El rey lo manda.
Monje: ¿Para qué?
Prior: ¿Qué le importa? ¿Es permitido a un fraile ser curioso?
Monje: Es que...

---

277 El palacio, basílica y monasterio de El Escorial, en el municipio madrileño de San Lorenzo de El Escorial, fue mandado construir por Felipe II para conmemorar su victoria en la batalla de San Quintín (1557) contra los ejércitos franceses. Su grandiosidad constructiva, la riqueza artística que encierra y su simbolismo le han valido el apelativo de *octava maravilla del mundo* ya desde finales del siglo XVI. Alberga en la cripta de la basílica el Panteón de los Reyes, inaugurado en 1654 por Felipe IV (padre de Carlos II) y al que se trasladaron los restos de los Austria anteriores.

Prior: Silencio.   5
         Ya se puede marchar. *(Vase el* monje*).*

Escena 2

El rey. Portocarrero. *El* prior

Sale el rey *apoyándose en* Portocarrero; *el* prior *con el hacha en la mano permanece retirado.*

Rey: ¡Qué horrible sitio!
         ¡Qué lobreguez...! Aquí ni un solo rayo
         de esa divina luz, que con su brillo
         alegra al mundo y al mortal conduce,
         consigue penetrar... Es su destino   10
         eterna oscuridad, silencio eterno...
         Para abrir esas puertas es preciso
         que lloren los monarcas, que se cubra
         de luto el trono... ¡Qué pavor, Dios mío!
Portoc.: ¿No lo dije, señor...? Estos sepulcros,   15
         ¡ah!, ¿por qué visitar habéis querido?
Rey: Callad... Lo prometí.
Portoc.:   ¿Cómo?
Rey: Es un voto,
         un voto, cardenal..., fuerza es cumplirlo.
         El cielo mismo me lo ordena.
Portoc.:   Entonces...
Rey: Mas esas rejas que al entrar he visto,   20
         que insoportable fetidez exhalan,
         ¿do conducen, decid?
Portoc.:   Es el recinto

| | do yacen de los reyes los despojos
| | antes de entrar aquí..., donde roídos
| | de gusanos inmundos, solo salen   25
| | cuando a arrojarlos de él vienen sus hijos[278].
| Rey: | ¡Oh, Dios...! ¿Conque mi padre...?
| Portoc.: | Allí reposa[279].
| Rey: | ¡Fatal compensación...! Si un trono mismo
| | de asiento nos sirvió, también de pasto
| | a los mismos insectos les servimos.   30

(Va y se arrodilla delante de la puerta).

| | Tú que en tierna niñez, por mi desgracia,
| | tu poder me dejaste, padre mío,
| | pues nunca derramar pude en tu seno
| | el dulce llanto de filial cariño[280],
| | hora permite que en tu losa vierta   35
| | lágrimas de dolor... ¡Ah! Yo confío
| | que en breve, en breve, de esa estancia horrible
| | te venga a libertar, y que mis fríos
| | restos recojan esa herencia nueva
| | de hedor y podredumbre.
| Portoc.: | ¿Qué habéis dicho?   40
| | Señor, ¿en qué pensáis...? Alzad... Salgamos...

---

278   Alude Portocarrero al Pudridero, estancia separada del Panteón, donde los cuerpos de los reyes, reinas, príncipes e infantes de España permanecen de veinte a treinta años para su reducción. Transcurrido este tiempo, pasan a ocupar el espacio definitivo que les corresponde, bien en el Panteón de Reyes (destinado, salvo excepciones, a los monarcas y a las esposas de los mismos que han sido madres de rey), o en el de Infantes. Pese a los efluvios que, según el personaje, se perciben en el Panteón procedentes de la presencia en el mismo del cuerpo de Felipe IV, no parece haber constancia testimonial de la existencia de este espacio en el siglo XVII. En cualquier caso, el efectismo teatral de esta escena es extraordinario.

279   El acceso al pudridero está prohibido incluso para los monjes que custodian el monasterio. Solo un reducidísimo número de personas, bajo supervisión notarial y de acuerdo con un protocolo muy estricto, puede entrar en él para depositar los cuerpos de los monarcas o retirarlos cuando son trasladados al Panteón.

280   Recordemos que Felipe IV muere cuando Carlos tiene cuatro años.

Rey: ¡Salir! ¿Has olvidado a qué he venido? *(Levantándose).*
Avancemos, en fin... Salud, morada
de la muerte, salud... Paz os envío,
ilustres ascendientes que otro tiempo   45
temiera el universo estremecido,
y hora en polvo trocados, bien pudiera
el soplo dispersar de esclavo indigno...
En vano aquí con orgullosa pompa
vuestra nada encubrís: igual destino   50
que al vasallo más vil al fin os cupo,
y con un peso igual estáis medidos...
Mas al menos de un bien que allá en el mundo
no tuvisteis, gozáis...: la paz... Yo envidio
ese preciado bien, y solo espero   55
con vosotros hallarlo en este sitio[281].

Portoc.: ¡Ah!, señor, esas lúgubres ideas
funestas pueden ser... ¿A qué afligiros...?

Rey: Y ¡qué me importa...! ¡Si es un bien la muerte;
si para padecer tan solo existo;   60
si tendré por feliz aquel instante
que del peso me libre con que gimo!
Mi funesto vivir, ¿para qué sirve?
El universo ya, mis pueblos mismos
solo me piden que ese pliego firme;   65
y gozosos después verán que expiro.

(Señalando un pliego arrollado que lleva el CARDENAL *en la mano).*

Portoc.: Firmadlo, sí, señor; pero no sea
con tan triste esperanza... Antes mil siglos
todavía vivid para consuelo

---

[281] Es clara la similitud, al menos formal, de esta escena con la segunda del acto IV de *Hernani*, de Víctor Hugo, publicado en 1830, en la que don Carlos se dirige a Carlomagno en la cripta de Aix-la-Chapelle.

	de este pueblo leal... Solo el alivio,	70
	el descargo buscad de la conciencia,	
	nombrando al sucesor que ha de regirnos	
	cuando de vos el cielo disponiendo	
	os quiera abrir las puertas del empíreo[282].	
Rey:	Está bien, cardenal... En esa mesa	75
	el acta colocad.	

(Portocarrero *coloca el pliego sobre la mesa. Entretanto* el rey *va al altar, se arrodilla y está orando un rato; después se levanta, se dirige a la mesa y toma una pluma para firmar, pero al ir a hacerlo se detiene arrepentido y arroja la pluma*).

	¡Cielos divinos!	
	¿Qué es lo que voy a hacer...? No..., no lo puedo:	
	es superior a mí tal sacrificio.	
Portoc.:	¡Superior! ¿Qué decís...? En un monarca	
	¡tanta debilidad...! Cuando es preciso	80
	de su pueblo en favor un noble esfuerzo,	
	¿puede nunca dudar en consentirlo?	
Rey:	¿Queréis que a mi familia desherede?	
	¿Por quién...? ¡Por un extraño, un enemigo!	
Portoc.:	¡Ah! No es el corazón en tales casos	85
	quien se debe escuchar... Prestad oídos	
	tan solo a la razón... Ese es el voto	
	de los pueblos, señor, del Papa mismo.	
	Cuando un santo deber todos prescriben,	
	¿vos el solo seréis a resistirlo?	90
	¿Pondréis en la balanza una familia	
	con un pueblo...? Jamás... ¡Atroz delito!	
Rey:	¿Qué es lo que osas decir...? ¿Do estás hablando	
	por ventura olvidaste, fementido[283]?	

---

282 *Empíreo*: el más alto de los cielos.
283 *Fementido*: persona falta de fe.

	¿Sabes tú quién te escucha...? Tiende, tiende	95
	la vista en derredor de este recinto:	
	tus reyes son a quien[284] agravias... Tiembla	
	que se alcen de la tumba enfurecidos	
	y en su justa venganza, desdichado,	
	lancen sobre tu frente el exterminio.	100
Portoc.:	Sobre mi frente no..., sobre la vuestra...,	
	pues el injusto mandato osáis, impío[285],	
	del cielo resistir..., pues de una raza	
	hoy preferís el interés mezquino[286]	
	al de la eternidad... Decid: ¿qué cuenta	105
	daréis, débil monarca, al juez divino,	
	cuando sin cetro, sin poder, os llame	
	ante su tribunal, cuando en castigo	
	de tanta obstinación lance sus rayos	
	y os sepulte su fallo en el abismo?	110
Rey:	No más..., no más..., ya le obedezco... Dadme	
	una pluma.	
Portoc.:	Tened..., firmad.	
Rey:	Ya firmo.	

(Portocarrero *toma una pluma y se la da al* rey, *el cual firma con la mayor precipitación. Después de hacerlo, suelta la pluma horrorizado, retrocede con espanto y se oculta el rostro con las manos.* Portocarrero *recoge el pliego*).

Rey:	¡Ah...! Pues no os conmovéis en vuestras tumbas,	
	señal, oh reyes, que lo habéis querido.	
Portoc.:	Sí, lo quieren, señor... ¿Qué otro deseo	115
	han tenido jamás, qué otro designio,	
	sino la dicha, el esplendor, la gloria	
	del magnánimo pueblo que han regido?	

---

284 Así anota la primera edición, por *quienes*.
285 *Impío*: sin religión.
286 *Mezquino*: pequeño, sin trascendencia.

(*Abrazando al* REY, *que deja caer su cabeza sobre el pecho del* CARDE-
NAL).

REY:	En fin..., hecho está ya... Los reinos todos
	son de Dios: a él le toca repartirlos. 120
	Rey fui... y ahora ¿qué soy...? Nada... Salgamos,
	salgamos pronto de este horrible sitio...
	Su hedor, su lobreguez, todo me espanta...
	y, ¡oh!, ¡cuán helado está...! ¡Cielos...!, ¡qué frío!
PORTOC.:	Sí, salgamos, señor..., ¿a qué aguardamos? 125
	¡Jamás a él hubierais descendido!
REY:	Tarde o temprano descender es fuerza...
	y habitarlo por siempre es mi destino.

(*Como animado de una nueva idea*).

        Aguardad..., aguardad.

(*Se dirige hacia el* PRIOR *y le arranca el hacha de las manos*).

        Vos, padre, dadme
esa luz.

PORTOC.:	¿Que intentáis...? ¡Oh, qué delirio! 130

(*El* REY *con el hacha en la mano recorre precipitadamente todo el panteón, mirando las urnas*).

REY:	¿Qué es esto...? ¡Oh, Dios...! Entre sepulcros tantos
	¡ni uno solo hallaré que esté vacío!
PORTOC.:	¡Oh! ¡Cuál os engañáis...! Para llenarlos
	¡cuántas generaciones, cuántos siglos
	aún habrán de pasar! Y sobre España 135
	¡cuán contrarios y míseros destinos!

(*El* REY *se para ante una urna abierta que estará junto al proscenio y
la mira con ansia*).

REY: ¡Ay! ¡Uno encuentro aquí...! Padre, acercaos;
           mirad este sepulcro..., este es el mío.
           Aquí por fin de mis eternos males,
           aquí solo encontrar podré el alivio...   140
           Mira, mira, infeliz... Tus reinos todos
           quedarán a ese espacio reducidos...
           Es tu eterna mansión..., gózate en verla...
           Padre, no lo olvidéis... Esa, lo he dicho,
           mi tumba habrá de ser..., nadie se atreva   145
           a quitármela, no. Mirad..., ya escribo
           mi nombre en ella.

(Saca la daga y con la punta graba su nombre en el tarjetón de bronce que está sobre la urna).

                          Bien... Adiós ahora...
           Mas pronto volveré... Venid.
PORTOC.:   Ya os sigo.

(Vanse precipitadamente).

Escena 3[287]

El teatro cambia y representa un salón regio. Puerta al foro; otra puerta a un lado y en el opuesto grandes ventanas o balcones.

FROILÁN. *Sale azorado y va a mirar con ansia por un balcón.*

FROILÁN: ¿Llega ya...? No..., todavía
           está lejos... ¡Ah! ¡Qué angustia!   150
           Con más valor me creí...
           Y ¿ahora, bárbaro, dudas?

---

287 Ap.: [Froilán] derecha arriba empieza. [Portocarrero] puerta foro y al instante [el rey]. Prevenidos tambores y clarines escalera izquierda. [Capitán] puerta derecha, enseguida [oficial], ocho soldados de la fe con haces de leña. Voces y rumor continuo hasta el fin en el foso. [Inés] dentro derecha con sortija y mudada y sale con seis caballeros y seis criados, puerta derecha arriba.

¿No lo quisiste...? Tú mismo
¿no has labrado por ventura
con arte infernal la trampa 155
que en la hoguera la sepulta?
¿No buscaste la venganza?
¿Por qué al hallarla te asustas?
¡Ah...! Las venganzas de amor
cuando están lejanas gustan, 160
mas en horribles tormentos
cuando ya llegan se mudan.
¡Cuánto sufro...! Si pudiera...
No es tiempo ya... La fortuna
en justo castigo quiere 165
que tus maldades se cumplan.
Con todo..., sí..., solo un medio...,
oh cielo, si tú me ayudas...
Por aquí debe pasar...
Los monjes que la circundan, 170
los guardias de este palacio,
todos sumisos escuchan
mis mandatos... Si al llegar
rompiesen sus ligaduras...,
si hasta aquí la persuadiesen 175
que a implorar su gracia suba...
El rey me consultará,
y entonces... Pero ¿qué buscas?
¿Te odiará menos...? No, no...
Muera, pues... ¡Fatal locura! 180
Viva..., mas lejos de mí,
lejos de estos sitios huya:

>   no viéndola, al fin podré
>   recupera mi ventura...
>   Pues ya murió mi rival,   185
>   encerrados en su tumba
>   queden con él mis rencores,
>   con él mis iras concluyan.

Escena 4

F ROILÁN. P ORTOCARRERO. *Luego* EL REY

P ORTOC .:	Padre Díaz...
F ROILÁN :	Perdonad. *(Vase sin atenderle)*.
P ORTOC .:	El rey está... No me escucha. 190

(Sale EL REY *despacio y doliente, y se sienta)*.

R EY :	Cardenal, ¿mandasteis ya
	a Ubilla[288] mi testamento?
P ORTOC .:	Entreguésele[289] al momento.
	Cerrado y sellado está
	y se archivará después. 195
R EY :	Ya estarán contentos, creo.
P ORTOC :	Propicio el común deseo
	es al príncipe francés.
R EY :	¡Válgate Dios por la Francia!
	Todos dan por tal manía. 200
P ORTOC .:	Es que otra cosa sería
	o vil traición o ignorancia.
R EY :	¡Y mi familia, señor!

---

[288] Don Antonio de Ubilla y Medina fue notario mayor del reino con Carlos II.
[289] Mantengo el leísmo original.

Portoc.:	Muy poco, en verdad, se daña
	quien no siendo rey de España	205
	puede ser emperador[290].
Rey:	Acepte Dios esta ofrenda,
	y en su seno me reciba,
	ya que debo mientras viva
	hollar[291] del dolor la senda.	210
	Solo un consuelo tenía
	en medio de tanto mal,
	y es que mi pueblo leal
	como a padre me quería;
	mas un instante ha bastado	215
	a disipar la ilusión
	cuando horrible sedición[292]
	alzar la cabeza ha osado.
	Ajada[293] la majestad,
	¿ya para qué vivir quiero?[294]	220
	Solo con la muerte espero
	huir de la iniquidad[295].

(Se oye el ruido de los tambores, que tocan una marcha fúnebre para acompañar los reos al suplicio. Este ruido, débil al principio, se aumentará por grados, dando a conocer que se aproxima hasta llegar enfrente del palacio).

Portoc.:	Oíd, señor, se aproxima
	el séquito funeral.
Rey:	Ese sonido fatal	225
	el corazón me lastima.

---

290 Se refiere a las aspiraciones del Archiduque Carlos al título de Emperador del Sacro Imperio Romano Germánico, que finalmente obtuvo en 1711 tras la muerte de su hermano el emperador José I de Habsburgo.
291 *Hollar*: pisar.
292 Alude a la revuelta que presenciábamos en el acto anterior, que culminaba con el asalto al palacio de Oropesa.
293 *Ajada*: desgastada o deteriorada.
294 *Ap.: tambores, dentro.*
295 *Iniquidad*: injusticia.

Portoc.:	Es forzoso sacrificio.	
Rey:	¡Tantas víctimas!	
Portoc.:	El cielo aplaude este santo celo.	
Rey:	Sea para su servicio.	230
	Con todo, hay una, confieso, que me es sensible.	
Portoc.:	¿Cuál es?	
Rey:	Aquella joven, Inés... Siento aquí nos sé qué peso... ¿Y su novio...? Oí contar que en la asonada[296] murió.	235
Portoc.:	Ni aun su cadáver se halló: su efigie van a quemar[297].	
Rey:	Extraño ha sido por cierto. ¿Quién le pudo recoger?	240
Portoc.:	No estoy lejos de creer que tal vez no quedó muerto.	

Escena 5

Dichos. El capitán *de los soldados de la fe. Un* oficial *de la guardia.* Soldados *de la fe*

Oficial:	Los soldados de la fe,
Rey:	Que entren.

(*Salen los* soldados *de la fe con el mosquete a la espalda y llevando largas picas, de cada una de las cuales pende un haz de leña. El* capitán *va a su frente y lleva otro haz colocado sobre una rodela[298], el cual presenta al* rey *acercándose a él y arrodillándose*).

---

296 Florencio parece haber muerto en la revuelta del acto IV. Nada sabemos, en realidad, de su paradero en este momento de la trama.
297 Como explicamos en la introducción, en los Autos de fe puede procederse a la quema de herejes en persona o en efigie si estos están huidos o han muerto y no se ha encontrado su cadáver.
298 *Rodela*: escudo redondo y pequeño.

Capitán:	Señor, os presento	
	el haz que arrojar debéis	245
	en el sagrado brasero.	
	¡Plegue a Dios que acrisolada[299]	
	la religión con su fuego,	
	quede limpia de herejía	
	la fe de nuestros abuelos![300]	250
Rey:	Así lo espero; y pues yo	
	acompañaros no puedo,	
	llevadlo vos en mi nombre,	
	para arrojarlo el primero.	
	Quédese entre tanto ahí,	255
	que por él volveréis luego.	

(*El* CAPITÁN *coloca el escudo y el haz sobre una mesa y se retira con los suyos*).

Portoc.:	En eso imitáis, señor,	
	al gran Fernando el tercero.	
Rey:	Así pudiera seguir	
	en otras cosas su ejemplo[301].	260
Portoc.:	Por delante del balcón	
	ya pasa el séquito, creo.	
Rey:	Iremos a ver...[302]	

(*Se levanta* EL REY *para ir al balcón y, estando ya cerca, se oyen voces y paran los tambores*).

Voces:	Tened,	
	tened.	
Rey:	¿Qué voces...? ¿Qué es eso?	
Portoc.:	Los reos están parados (*mirando por el balcón*)	265
	y la gente corre.	

---

299 *Acrisolar*: purificar, depurar por el fuego.
300 *Ap.: se va acercando el tambor.*
301 Fernando III de Castilla y León fue canonizado durante el reinado de Carlos II, en 1671, mientras él era menor de edad y ejercía la regencia su madre, la reina Mariana de Austria. La identificación entre ambos monarcas intentaría reforzar la imagen sagrada de la realeza en España y apuntalar el papel de la misma en la defensa de la fe contra infieles y herejes.
302 *Ap.: voces, y cesan los clarines dentro.*

REY: ¡Cielos!
¡Otro motín!
PORTOC.: A las puertas
de palacio van viniendo.
REY: ¡Guardias! *(Con sumo terror)*.

Escena 6

Dichos. El OFICIAL *de la guardia*

OFICIAL: Señor, una joven
que al suplicio entre los reos   270
iba marchando, al llegar
cerca de este alcázar regio,
rompiendo sus ataduras,
y atravesando el inmenso
concurso[303], se ha refugiado   275
en palacio.
REY: ¡Cómo! ¿Dentro?
Y ¿no han podido impedirlo?
OFICIAL: Pasmábanse todos viendo
su juventud, su hermosura.
Ahí está, que intenta veros.   280
INÉS: Dejadme, dejadme entrar. *(Dentro)*.
REY: ¡Es ella...! ¡Oh, Dios mío...! No..., no quiero...[304]

---

303 *Concurso*: concurrencia, conjunto de personas.
304 *Ap.: cesan las voces.*

Escena 7

Dichos. Inés. Cortesanos. Criados. Guardias.

Sale Inés *vestida de blanco, con el sambenito[305] y el cabello suelto. Síguenla algunas gentes de palacio y* guardias. *Se arroja a los pies del* rey.

Inés:	Señor..., ¡piedad, compasión!	
Rey:	¿Qué es esto...? Aparta, mujer.	
Inés:	De aquí no me he de mover	285
	hasta alcanzar mi perdón.	
Rey:	¡Yo perdonarte, hechicera!	
Inés:	¡Hechicera!	
Rey:	No me toques,	
	ni mi compasión invoques:	
	ve, ve a morir en la hoguera.	290
Inés:	¿Dónde está vuestra bondad?	
Rey:	¡Mi bondad...! Yo no la tengo	
	cuando al Dios del cielo vengo.	
	¡Con los herejes piedad!	
Inés:	Acordaos del amor	295
	que un tiempo me habéis tenido.	
Rey:	Cuanto más mi afecto ha sido,	
	es más grande mi rencor.	
Inés:	Soy inocente.	
Rey:	¡Inocente!	
	Aleve, ¡y me has hechizado!	300
Inés:	Quien tal crimen me ha imputado,	
	ese, señor, ese miente.	
Rey:	Te ha juzgado un tribunal.	
Inés:	Y un Tribunal ¿no se engaña?	

---

[305] *Sambenito*: prenda corta, a modo de gran escapulario, que se vestía a los condenados por la Inquisición y en el que se dibujaban motivos alusivos a las penas impuestas. Los reos eran paseados con él como forma de escarnio.

Rey:	Lo respeta toda España.	305
Inés:	Aun así sentenció mal.	
Rey:	¡Blasfema!	
Inés:	Lo digo, sí. *(Alzándose).*	

        ¿Qué me importa su sentencia,
cuando yo de mi inocencia
un testigo tengo aquí?   310
¿He de pensar por ventura
que condena con razón,
si me dice el corazón
que es el alma toda pura?
¡Dios mío! Tú que la ves,   315
y sabes que no te engaño,
¿por qué consientes mi daño?
¡Piedad de la triste Inés!

Rey: ¿Osas al cielo invocar,
al cielo, a quien desconoces?   320
No, las penas más atroces
no te pueden castigar.
Sacadla de aquí, sacadla.

Inés: ¡Vedme a vuestros pies, señor!
Rey: Aparta.
Inés: ¡Fiero rigor[306]!   325
Rey: ¡No lo he dicho ya...! Llevadla.

(Los soldados *se abalanzan para cogerla; ella se levanta y se aproxima al* rey, *cruzando las manos en ademán de súplica y colocándolas muy cerca de sus ojos.* El rey *al querer apartarlas repara en una sortija que lleva* Inés).

Inés: ¡Piedad!
Rey: Aparta... ¿Qué miro?

---

306 *Rigor*: severidad

	Ven..., a ver...	
Inés:	¿Qué?	
Rey:	¡Cielo santo!	
	Esta sortija..., sí..., cuánto	
	se le parece..., ¿deliro?	330
Inés:	¿La sortija?	
Rey:	¿Do la hubiste?[307]	
Inés:	Fue de mi madre, señor.	
Rey:	¡Tu madre...! El nombre.	
Inés:	Leonor.	
Rey:	¡Leonor...! ¿Qué he escuchado...? ¡Ay, triste!	
	¿Si será...? Salid de aquí:	335
	dejadnos solos.	

(*Todos se marchan, quedando solos* el rey *e* Inés).

Inés:	¿Qué hacéis?
Rey:	Deseos, no me engañéis.
	¿Tienes otra prenda, di,
	que te dejara tu madre?

(Inés *saca un medallón de oro que lleva al pecho y se lo enseña*).

Inés:	Su retrato.	
Rey:	¡Es ella! ¡Oh, Dios!	340
	¡Hija de mi vida!	
Inés:	¿Vos?	
Rey:	Sí, ven, abraza a tu padre.	
Inés:	¡Mi padre!	
Rey:	Tu padre soy...	
	No, no te engaño, hija mía:	
	lo soy, lo soy... ¡Qué alegría!	345

---

307 Es esta una expresión en desuso por *¿Dónde la has encontrado?*

	¡Ah!, de gozo loco estoy.
Inés:	¡Cómo...! Señor... ¿Es verdad?
Rey:	Esas prendas mías son:
	sí, prendas de la pasión
	que me inspiró su beldad[308]. 350
Inés:	¡Vos mi padre...! ¡Vos...! Decidlo
	otra vez... ¿He de creer...?
	¿Me engañáis...? No puede ser.
	Por Dios, por Dios, repetidlo.
Rey:	Otra vez, mil lo diré. 355
	¡Hija mía!
Inés:	¡Padre!
Rey:	¡Oh, cielo!
	¡Qué dulce voz! ¡Qué consuelo
	al escucharla encontré!
	¿Conque al fin te pude hallar,
	objeto de mi deseo? 360
	Te abrazo y apenas creo
	de tanta dicha gozar.
	Ven, ven..., deja que te vea,
	que te mire bien, Inés.
	¡Dios mío! ¡Qué hermosa...! Es 365
	un cielo... ¡Bendita sea!
Inés:	¡Por fin a besar me atrevo
	esas manos paternales!
	Bendigo todos mis males,
	pues tanta dicha les debo. 370
	Dejad, dejad que las bese,
	que las riegue con mi llanto,
	que goce de placer tanto

---

308 *Beldad*: belleza, hermosura.

	y de besarlas no cese.	
Rey:	¿Lloras...? Yo lloro también...,	375
	de dicha..., no de pesar:	
	jamás creí que el llorar	
	nos causara tanto bien.	
	Desde hoy cambiará mi suerte,	
	pues a mi lado estarás:	380
	tú la vida me darás	
	a las puertas de la muerte.	
Inés:	¡Ah...! Vivid, vivid, señor:	
	todos lo piden ansiosos;	
	vivid para hacer dichosos,	385
	y vivid para mi amor.	
Rey:	¿Me querrás?	
Inés:	¿Lo preguntáis?	
	¿Y vos a mí?	
Rey:	¿Tú, mi vida?	
	Si te he llorado perdida,	
	¿no he de amarte?	
Inés:	¿Os acordáis	390
	de mi madre?	
Rey:	Miro en ti	
	retratada su figura:	
	sus ojos son, su hermosura...	
	Injusto con ella fui;	
	mas ya con bienes sin cuento	395
	mi crimen expiaré:	
	lo que a tu madre injurié	
	pagar a la hija intento.	
	Sí, tú serás mi delicia,	

	mi único bien, mi consuelo:	400
	así me perdone el cielo	
	mi abandono, mi injusticia.	
	Habla..., ¿qué quieres...? Advierte	
	que soy tu padre y que también	
	ciñe corona mi sien:	405
	¿qué no haré por complacerte?[309]	
INÉS:	Amaros, señor, es ley:	
	no digáis eso, por Dios;	
	solo el padre he visto en vos,	
	sin acordarme del rey.	410
REY:	¡Hija mía...! ¡Qué dulzura	
	de padre infunde el amor!	
	No, no hay cariño mayor,	
	ni hay otra mayor ventura.	
	¡Oh...! Bien desde que te vi	415
	el corazón lo decía:	
	no en vano alegre latía	
	si te acercabas a mí;	
	y en medio de este despecho	
	que labra mi triste suerte,	420
	tan solo para quererte	
	amor hallaba en mi pecho.	
INÉS:	Sí, natura al corazón	
	con voz prepotente[310] hablaba:	
	en esto mi magia estaba,	425
	esos mis hechizos son.	
REY:	¡Tus hechizos...! ¡Infelice!	
	¿Qué me has hecho recordar?	
	¡Qué horror...! ¡Y pude olvidar...!	

---

309   *Ap.*: [Froilán] *puerta derecha arriba.*
310   *Prepotente*: extraordinariamente poderoso.

	¡Suerte, mi voz te maldice!	430
Inés:	¡Ah...! ¡Santo Dios...! ¿Qué he escuchado?	
	En mí delito tan feo	
	creeréis aún?	
Rey:	¡Nada creo,	
	sino que soy desdichado!	
Inés:	¡Dios mío...! ¿Ni aun he de ser	435
	para mi padre inocente?	
Rey:	Un Tribunal inclemente	
	te condena a perecer.	
Inés:	¿Y qué importa...? ¿No sois rey?	
	¿Quién vuestro poder contrasta[311]?	440
Rey:	¡Ah! Que mi poder no basta	
	ante su inflexible ley.	
	¿Ignoras que no hay perdón	
	cuando lanza un anatema[312]?	
	¿Ignoras que aun mi diadema	445
	la humilla la Inquisición?	
	¡Lo sabes y no te espantas,	
	que yo, al oír su sentencia,	
	mudo quedo en su presencia,	
	y tiemblo, y caigo a sus plantas!	450
Inés:	¡Infeliz...! Lo veo ya:	
	sí, vos mismo a su furor	
	me entregaréis.	
Rey:	¿Yo...? ¡Qué horror!	
	No..., no..., jamás..., no será.	
	Verdugos, idos de aquí:	455
	es mi hija, mi hija querida;	
	es mi consuelo, mi vida:	

---

311 *Contrastar*: resistir, hacer frente a algo o alguien.
312 *Anatema*: excomunión.

matadme primero a mí.

(EL REY, *creyendo ver a los verdugos de* INÉS, *se coloca delante de ella para ampararla.* INÉS *se arroja en sus brazos*).

INÉS: ¡Ah!
REY: Ven a mis brazos, ven
en ellos a refugiarte: 460
veremos si osan sacarte
los viles de ellos también.
INÉS: No, padre, no..., no osarán;
aquí estoy con vos segura:
si es su lealtad firme y pura, 465
vuestra voz respetarán.
REY: Ya suben... ¿Dónde ocultarte?
En ese cuarto..., sí..., sí...
Entra, entra luego... Yo aquí
me quedo para ampararte. 470

(*Hace entrar a* INÉS *en el cuarto lateral y se dirige luego a la puerta con la mayor inquietud*).

ESCENA 8[313]

EL REY. FROILÁN

REY: ¿Sois vos, padre Froilán?
FROILÁN: Señor, ¿es cierto
que esa joven Inés...?
REY: ¡Padre, salvadla,
salvadla, por piedad!
FROILÁN: ¡Ah! Bien decía *(aparte con alegría)*

---

313 *Ap.: prevenidos rumor fuerte. Salen [inquisidor], familiares y alguaciles, puerta derecha arriba.*

	que en volviéndola a ver... Pensé que estaba
	con vos aquí.
Rey:	Sí, sí... Mas ¡oh, ventura! 475
	¿No sabéis...? ¿No sabéis...?
Froilán:	¿Qué?
Rey:	Mi hija amada...
	aquella que perdí..., por quien continuo
	mi rostro en triste llanto se bañaba...
Froilán:	¿Y bien?
Rey:	Ya la encontré.
Froilán:	¿Pues cómo?
Rey:	Es ella,
	ella.
Froilán:	¿Quién?
Rey:	Esa Inés.
Froilán:	¡Inés! *(Aterrado)*.
Rey:	¿Os pasma 480
	esta nueva, es verdad?
Froilán:	Creer no puedo...
Rey:	Sí..., sí..., no lo dudéis... Yo las alhajas[314],
	yo mismo conocí.
Froilán:	¿Qué oigo? *(Aparte)*.
Rey:	¡Qué dicha!
	¿Concebís mi placer cuando estrechada
	la tuve aquí contra mi amante pecho? 485
	¡Ah! No mata el placer, pues no me mata.
Froilán:	¡Hija suya! *(Aparte)*.
Rey:	Marchemos...
Froilán:	¡Hija suya! *(Aparte)*. 490
Rey:	Corramos a salvarla..., sí.

---

314 Remite a la sortija y al medallón de oro que Inés le ha enseñado.

Froilán:	¡Qué rabia! *(Aparte).* Todo lo va a decir..., solo me espera infamia, deshonor.
Rey:	Pero ¿qué aguarda? ¿Por qué esa agitación?
Froilán:	*(Aparte).* Ya que es preciso, cumple al fin tu destino, desdichada. 495
Rey:	Padre, ¿no me escucháis?
Froilán:	¿Qué?
Rey:	¿No os he dicho que Inés es hija mía?
Froilán:	¿Y bien? *(Con frialdad).*
Rey:	¿No basta?
Froilán:	¡Bastar...! ¿Y para qué?
Rey:	¡Pasmado quedo! ¿Olvidáis que está a muerte sentenciada?
Froilán:	Yo..., no..., no lo olvidé.
Rey:	¡No lo olvidasteis! 500 ¡Y cual mármol estáis a mis palabras?
Froilán:	¿Qué es, pues, lo que queréis?
Rey:	¡Oh, Dios! ¡Qué quiero? ¡Vos me lo preguntáis...! Quiero salvarla.
Froilán:	¡Salvarla!
Rey:	Sí..., lo quiero..., y vos.
Froilán:	¿Yo?
Rey:	¡Ay, triste! ¿Qué me anuncian tan lúgubres palabras? ¿Por ventura, crüel, queréis que muera? 505
Froilán:	¿Por ventura me es dado libertarla?
Rey:	¿Qué escucho? ¡Santo Dios! ¿A mí, a su padre,

	malvado, eso decís...? ¡Ah! *(Cubriéndose el rostro).*
Froilán:	¿No bastaba mi silencio, señor?
Rey:	¡Dios! ¡Y un apoyo pensaba hallar en él para ampararla! 510
Froilán:	Vos cual padre podéis compadecerla; pero yo soy su juez.
Rey:	¿Acaso os manda ser despiadado ese deber horrible?³¹⁵
Froilán:	Lo manda; que no es mía la venganza: es venganza del cielo.
Rey:	¿Y no perdona 515 ese cielo, decid?
Froilán:	Él es su causa, él allá de piedad solo usar puede: quien la ejerce por él, ese le agravia³¹⁶.
Rey:	¡Desdichado de mí...! No, yo no debo dejarla perecer... Vos sin entrañas, 520 sin compasión seréis..., mas yo soy padre, y no me manda Dios asesinarla. Fulminad la sentencia; los suplicios, bárbaros, disponed... ¡Sentencia vana! Aquí estoy yo, que defenderla puedo. 525 ¿Olvidasteis quién soy...? Vuestra arrogancia ¿puede a tanto llegar que desconozca que yo soy vuestro rey, soy quien os manda? Obedeced, vasallos... Vuestra frente sumisos inclinad..., caed a mis plantas. 530
Froilán:	Ante el Dios que los tronos pulveriza, rey sacrílego, hundid la frente osada³¹⁷.

---

315 *Ap.: voces y murmullo escalera izquierda y a poco [Inés] puerta derecha. [Actor], [Florencio] y ocho soldados de la fe, puerta derecha arriba. [Florencio], algazara y dos criados, puerta derecha.*

316 *Agraviar*: ofender; hacer más grave un delito.

317 Con esta declaración del poder absoluto de Dios sobre el poder temporal del rey, Froilán consigue someter definitivamente la voluntad del monarca.

REY: ¡Ah! ¿Qué he dicho? ¡Perdón!
FROILÁN: ¿Qué es ante el cielo,
qué es con su pompa un mísero monarca?
¿Qué es ante los ministros que en la mano   535
tienen de su poder la ardiente espada?
¿Qué es ante el tribunal, en fin, que ejerce
las justicias del Dios de las venganzas?
Óselos resistir y roto el punto
será cual rompe el viento débil caña.   540
REY: ¡Ah...! ¡Perdón...! Blasfemé.
FROILÁN: Sí, blasfemaste;
y el celeste furor de ti reclama
inmensa expiación.
REY: Yo no lo puedo,
si víctima ha de ser mi hija adorada.
¿Cuándo el cielo ordenó que al hijo suyo   545
un padre sin piedad sacrificara?
FROILÁN: ¿Cuándo, me preguntáis...? ¡Oh, cómo os ciega
la funesta pasión...! ¿No lo mandaba
cuando fiel a su voz, al hijo amado
el padre de Israel condujo al ara[318]?   550
Por salvar a su pueblo en el combate,
¿la víctima a Jefté[319] no señalara?
Ambos, sin murmurar, para servirle
su sangre, sangre pura, derramaban...
¡Y vos...! Pero ¿qué más...? Volved la vista   555
y ese cuadro mirad... ¿A quién retrata?

(*Le enseña el retrato de Felipe II, que estará colgado en una pared del salón*).

---

318   Dios exigió a Abraham, padre de los hebreos, que sacrificase a su hijo Isaac para demostrar su fe, pero en el último instante le exime de cumplir este compromiso y el niño se salva. Froilán recuerda al rey la primera parte de este episodio, pero no parece contemplar que en él, a diferencia de lo que va a ocurrir en el desenlace de la obra, el muchacho no muere.
319   Jefté es otro personaje bíblico que ofrece a su hija en holocausto, en este caso para cumplir la promesa hecha a Dios cuando le pide ayuda para vencer en su batalla contra los amonitas.

Rey:	¡Oh, qué recuerdo atroz...! El gran Felipe...	
Froilán:	El grande, sí... ¿Sabéis por qué le llaman el grande, lo sabéis...? Un hijo tuvo...	
Rey:	Callad... ¡Qué ejemplo!	
Froilán:	No, no vacilaba	560
	cuando preciso fue sobre su cuello	
	descargar de la ley la justa espada;	
	y la espada cayó y en mudo pasmo	
	vio el tremendo castigo toda España[320].	
Rey:	Dadme a mí su poder, dadme su gloria,	565
	y entonces imitar podré su saña.	
Froilán:	¡Imitarla, decís...! ¿Son por ventura las víctimas iguales...? ¿Compararlas, alma débil, podéis...? Al primogénito, al sucesor legítimo inmolaba[321];	570
	y vos, ¿a quién...? ¡Oh, qué vergüenza...! Solo al fruto impuro de pasión nefanda[322]; hija del crimen que en sus hechos viles no desmiente el origen que la infama.	
Rey:	Callad, callad, por Dios.	
Froilán:	A vuestros reinos	575
	presentad esa hija, presentadla. Decidles: ¿la miráis...? Esta que ha poco entre odiados herejes caminaba a la hoguera fatal; esta que impura lleva en su frente la indeleble mancha	580
	de acusación atroz, esta, españoles, el vástago[323] postrero es de mi rama.	

---

320 Felipe II recluyó en prisión a su primogénito, Carlos, tras diferentes manifestaciones hostiles de este contra su padre y su corona. El príncipe muere en el encierro y, si bien se desconoce la causa del fallecimiento, pronto circularon las leyendas que acusaban al rey de asesinar a su heredero. El príncipe Carlos de Austria es el protagonista de la ópera *Don Carlos* de Verdi y de *Don Carlos* de Schiller.
321 *Inmolar*: dar la vida en provecho de algo o alguien.
322 *Nefanda*: indigna, que es vista con horror.
323 *Vástago*: rama nueva de un árbol; persona descendiente de otra.

| REY: | Basta, fraile infernal, basta..., tu boca
todo el veneno de las Furias[324] lanza[325].
Vete, vete de aquí: si más te escucho,
creo que al mundo entero asesinara.
Mas ¿qué es esto? | 585 |

Escena 9

Dichos. El inquisidor general. Portocarrero. Esbirros *de la Inquisición.*

| INQUIS.: | Señor, el Santo Oficio
la fugitiva víctima reclama. | |
| REY: | ¿Qué decís...? ¡Ay de mí! | |
| INQUIS.: | ¿Dónde se encuentra?
Aquí se ha guarecido, en este alcázar;
y no querréis sin duda que del cielo
burlada quede la justicia santa. | 590 |
| FROILÁN: | Os engañáis, señor... El rey lo quiere;
y ya el perdón por su favor alcanza. | |
| INQUIS.: | ¿Qué he escuchado...? ¿Es verdad? | |
| REY: | Yo, padre... | |
| INQUIS.: | ¡Oh, cielos!
¿Quién el poder os dio de perdonarla? | 595 |
| REY: | ¿Por ventura no puede un soberano...? | |
| INQUIS.: | Cuando la Inquisición sus rayos lanza,
solo un hereje el golpe inevitable
intenta detener. | |
| REY: | ¿Yo hereje? | |

---

324 *Furias*: seres mitológicos que representan a tres personajes infernales que representan la venganza.
325 *Ap.: rumor fuerte, dentro.*

INQUIS.:   Basta,   600
            basta el amago de tan vil intento
            para réprobo ser[326], para que caiga
            el celeste furor sobre el culpable
            y ser lanzado a las eternas llamas.
REY: ¡Qué horror...! Piedad, piedad[327].
INQUIS.:   ¿Pensáis acaso   605
            que aun a vos la corona os ampara?
            No, desdichado: por lo mismo, fuera
            más segura y terrible la venganza.
REY: Piedad, vuelvo a decir... ¿Qué es eso?

(Se oye dentro y algo lejano rumor confuso de pueblo y voces que gritan: «¡Muera, muera la hechicera!». PORTOCARRERO *corre a mirar por el balcón).*

PORTOC.:   El pueblo,
            que impaciente a las puertas se abalanza   610
            de esta regia mansión.
INQUIS.:   Ya enfurecido
            al mirar que la víctima le arrancan,
            viene a pedirla y a vengar al cielo[328].

(Se oyen de nuevo las voces).

REY: ¡Dios! ¿Otra vez mi majestad hollada
            por el pueblo será...? ¿Conque es preciso?   615
            ¡Rey infeliz...! No puedo... Perdonadla:
            postrado aquí vuestra clemencia imploro.

(Se pone de rodillas entre los dos y con las manos juntas, en ademán de súplica).

INQUIS.:   No puede ser[329].

---

326 El inquisidor afirma que, solo con haber pensado en contravenir las decisiones del Santo Oficio, el rey se hace merecedor de las penas del infierno. La superstición es, en última instancia, el motivo que desencadena el final trágico de la pieza.

327 *Ap.: voces confusas, muera la hechicera, dentro.*

328 *Ap.: voces fuertes, dentro.*

329 *Ap.: muy fuertes, dentro.*

REY: ¡Por Dios!
(Otra vez las voces del pueblo más fuertes).

FROILÁN: ¿Oís cuál claman?
REY: ¡Ay de mí, desdichado!
INQUIS.: A Dios volvedle
su víctima, señor.
PORTOC.: Ya la tardanza 620
funesta podrá ser.

ESCENA ÚLTIMA

Dichos. INÉS. SOLDADOS DE LA FE
Sale INÉS *del cuarto donde estaba oculta.*

INÉS: Señor...
INQUIS.: ¡Es ella!
REY: ¡Ah! ¿Por qué te presentas, desdichada?
INÉS: Oí voces... ¿Qué miro? ¡Ay, Dios!
(Viendo al INQUISIDOR *y a los suyos. Se oyen otra vez las voces).*

REY: ¿Quereisla?
Pues ahí la tenéis: monstruos, llevadla.
(Vase precipitadamente seguido de PORTOCARRERO*).*

INÉS: ¿Qué es esto...? ¿Me dejáis...? ¡Con ellos...! ¡Padre! 625
¡Padre!
INQUIS.: ¡Su padre dice!
FROILÁN: ¿A qué escucharla?

	Delira.
Inquis.:	Venid, pues. *(A* Inés*).*
Inés:	¿Dónde?
Inquis.:	Al suplicio[330].
Inés:	Pues qué, ¡cielos!, ¿no estoy ya perdonada?
Froilán:	¡Perdonada...! Jamás.
Inés:	¡Ah! Pues os veo,

sé que debo perder toda esperanza.   630

| Froilán: | Llevadla. |
| Inquis.: | ¡Hola, soldados! |

(Salen los soldados de la fe *y, unidos a los* esbirros *de la Inquisición, obedeciendo a la voz del* inquisidor *y de* Froilán*, rodean a* Inés *y quieren llevársela. El* capitán *de los soldados de la fe toma el haz de leña que había quedado sobre la mesa y se coloca con él en medio del teatro).*

| Inés: | ¡Infelice! |

¿Y me abandona así...? ¿Cómo...?

| Inquis.: | Sacadla. |

(Los esbirros *quieren llevarse a* Inés*; esta se resiste. Durante toda esta escena se continuarán oyendo las voces del pueblo, más o menos fuertes).*

| Inés: | No..., dejadme... ¡Señor...! No. |

(En este instante el rey*, seguido de* Portocarrero *y de algunos criados, vuelve a salir, fuera de sí y con paso vacilante).*

| Rey: | Deteneos: |

no lo puedo consentir...

---

330   *Ap.: primer aviso de telón.*

(Los esbirros *que llevaban a* Inés *se detienen).*

Inés: ¡Él es!
Froilán: ¡Oh, rabia!
 Obedeced.
Rey: No..., no..., yo os lo prohíbo. 635
 Quiero... ¡Cielos! ¡Qué horror!

(Al quererse adelantar se encuentra con el capitán *y, viendo en sus manos el haz de leña, como recordándose el destino que tiene, se estremece y, retrocediendo horrorizado, cae sin sentido en brazos de* Portocarrero *y de los criados).*

Inés: ¡Ay!
Portoc.: ¡Oh, desgracia!
Inés: ¡Oh, funesto desmayo!
Froilán: Aprovechemos
 este instante... Cuidad vos del monarca. *(A* Portocarrero*).*
 Vos, al suplicio. *(A* Inés*).*
Inés: Bárbaros, dejadme
 que le abrace siquiera.

(Se escapa de entre los inquisidores y se abalanza a abrazar al rey*).*

Froilán: ¿En qué se paran? 640
 Llevadla luego.

(Se apoderan otra vez de Inés*, la arrancan del lado del* rey *y se la llevan arrastrando).*

INÉS: No..., no quiero..., nunca... Dejadme..., no..., no quiero... ¡Dios me valga!

(En ese instante FLORENCIO, *que se hallaba oculto entre los* ESBIRROS *y los* SOLDADOS DE LA FE, *se muestra y se abalanza hacia* FROILÁN *con un puñal desnudo en la mano).*

FLORENCIO: ¿Me conoces? *(A* FROILÁN*).*
FROILÁN: ¿Qué miro...? ¡Oh, Dios...! ¡Florencio!
FLORENCIO: Sí..., yo soy..., muere. *(Le da de puñaladas).*
FROILÁN: Compasión. *(Cayendo).*
FLORENCIO: ¡Venganza![331]

FIN

---

331 *Ap.: segundo aviso de telón.*

Thank you for acquiring

Carlos II el Hechizado
from the
Stockcero collection of Spanish and Latin American significant books of the past and present.

This book is one of a large and ever-expanding list of titles Stockcero regards as classics of Spanish and Latin American literature, history, economics, and cultural studies. A series of important books are being brought back into print with modern readers and students in mind, and thus including updated footnotes, prefaces, and bibliographies.

We invite you to look for more complete information on our website, **www.stockcero.com**, where you can view a list of titles currently available, as well as those in preparation. On this website, you may register to receive desk copies, view additional information about the books, and suggest titles you would like to see brought back into print. We are most eager to receive these suggestions, and if possible, to discuss them with you. Any comments you wish to make about Stockcero books would be most helpful.

The Stockcero website will also provide access to an increasing number of links to critical articles, libraries, databanks, bibliographies and other materials relating to the texts we are publishing.

By registering on our website, you will allow us to inform you of services and connections that will enhance your reading and teaching of an expanding list of important books.

You may additionally help us improve the way we serve your needs by registering your purchase at:
http://www.stockcero.com/bookregister.htm

www.ingramcontent.com/pod-product-compliance
Lightning Source LLC
Chambersburg PA
CBHW021756230426
43669CB00006B/89